Springer-Lehrbuch

Horst Hanusch · Thomas Kuhn
Alfred Greiner

Arbeitsbuch zur Volkswirtschaftslehre 1

Unter Mitarbeit von
Markus Balzat

Dritte, verbesserte Auflage

Mit 27 Abbildungen
und 9 Tabellen

Professor Dr. Horst Hanusch
Universität Augsburg
WiWi-Fakultät
Lehrstuhl für Volkswirtschaftslehre V
Universitätsstr. 16
86135 Augsburg
horst.hanusch@wiwi.uni-augsburg.de

Professor Dr. Thomas Kuhn
TU Chemnitz-Zwickau
Fakultät für Wirtschaftswissenschaften
Lehrstuhl für Volkswirtschaftslehre IV
Reichenhainer Str. 39
09207 Chemnitz
t.kuhn@wirtschaft.tu-chemnitz.de

Professor Dr. Alfred Greiner
Universität Bielefeld
Wirtschaftswissenschaften
Universitätsstr. 25
33615 Bielefeld
agreiner@wiwi.uni-bielefeld.de

Bibliografische Information Der Deutschen Bibliothek
Die Deutsche Bibliothek verzeichnet diese Publikation in der Deutschen Nationalbibliografie;
detaillierte bibliografische Daten sind im Internet über *http://dnb.ddb.de* abrufbar.

ISBN 978-3-540-23230-8 3. Auflage Springer Berlin Heidelberg New York
ISBN 978-3-540-42146-7 2. Auflage Springer Berlin Heidelberg New York

Dieses Werk ist urheberrechtlich geschützt. Die dadurch begründeten Rechte, insbesondere die der Übersetzung, des Nachdrucks, des Vortrags, der Entnahme von Abbildungen und Tabellen, der Funksendung, der Mikroverfilmung oder der Vervielfältigung auf anderen Wegen und der Speicherung in Datenverarbeitungsanlagen, bleiben, auch bei nur auszugsweiser Verwertung, vorbehalten. Eine Vervielfältigung dieses Werkes oder von Teilen dieses Werkes ist auch im Einzelfall nur in den Grenzen der gesetzlichen Bestimmungen des Urheberrechtsgesetzes der Bundesrepublik Deutschland vom 9. September 1965 in der jeweils geltenden Fassung zulässig. Sie ist grundsätzlich vergütungspflichtig. Zuwiderhandlungen unterliegen den Strafbestimmungen des Urheberrechtsgesetzes.

Springer ist ein Unternehmen von Springer Science+Business Media
springer.de

© Springer-Verlag Berlin Heidelberg 1995, 2001, 2005

Die Wiedergabe von Gebrauchsnamen, Handelsnamen, Warenbezeichnungen usw. in diesem Werk berechtigt auch ohne besondere Kennzeichnung nicht zu der Annahme, dass solche Namen im Sinne der Warenzeichen- und Markenschutz-Gesetzgebung als frei zu betrachten wären und daher von jedermann benutzt werden dürften.

Umschlaggestaltung: Design & Production GmbH, Heidelberg
Herstellung: Helmut Petri
Druck: Strauss Offsetdruck
SPIN 11326403   Gedruckt auf säurefreiem Papier – 42/3130 – 5 4 3 2 1 0

Vorwort zur 3. Auflage

In der vorliegenden 3. Auflage wurde das „Arbeitsbuch zur Volkswirtschaftslehre 1" vollständig überarbeitet und um zahlreiche neue Multiple-Choice-Aufgaben erweitert. In Anlehnung an den Aufbau des Lehrbuches „Volkswirtschaftslehre 1 – Grundlegende Mikro- und Makroökonomik" folgt auch im Arbeitsbuch nach dem Teil „Grundlagen" der Teil „Mikroökonomische Theorie" vor dem Teil „Makroökonomische Theorie und Politik". Die Lösungen zu den einzelnen Aufgaben aller drei Teile befinden sich wieder am Ende des Arbeitsbuches. Um den Studierenden den Zugang zum Lehrstoff und die Überprüfung ihrer Kenntnisse zu erleichtern, sind die Lösungen zu den Aufgaben häufig ausführlicher kommentiert worden als dies in den vorhergehenden Auflagen der Fall war.

Besonders danken möchten wir Herrn Dr. Markus Balzat, der mit großem Engagement und profunder Sachkenntnis auch an der 3. Auflage maßgeblich mitgearbeitet hat.

Augsburg, Chemnitz, Bielefeld,
im September 2004

Horst Hanusch
Thomas Kuhn
Alfred Greiner

Inhaltsverzeichnis

Aufgaben

Teil I:	Grundlagen	1
1.	Prinzipien der Volkswirtschaftslehre	1
2.	Knappheit, Tausch und Effizienz	7
3.	Märkte und Preise	20
4.	Der Staat	30
5.	Methodische Fragen	38
Teil II:	Mikroökonomische Theorie	43
6.	Konsum und Nachfrage	43
7.	Produktion und Angebot	57
8.	Preisbildung auf den Gütermärkten	65
9.	Der Arbeitsmarkt	71
10.	Marktversagen und Staatseingriffe	75
Teil III:	Makroökonomische Theorie und Politik	81
11.	Wirtschaftskreislauf und Nationaleinkommen	81
12.	Grundzusammenhänge der Makroökonomik: Aggregiertes Angebot und aggregierte Nachfrage	90
13.	Nachfrageorientierte Makroökonomik	102
14.	Die Rolle des Geldes in der Makroökonomik	122
15.	Die makroökonomische Bedeutung der Phillips-Kurve	143
16.	Angebotsorientierte Makroökonomik	154
17.	Internationale Makroökonomik	169

Lösungen

Teil I:	Grundlagen	181
Teil II:	Mikroökonomische Theorie	185
Teil III:	Makroökonomische Theorie und Politik	188

TEIL I:

GRUNDLAGEN

Bearbeitungshinweis: Bei jeder Aufgabe ist eine der Antwortalternativen richtig.

1. Prinzipien der Volkswirtschaftslehre

Aufgabe 1

Was besagt das ökonomische Prinzip?

(1) Als Maximalprinzip verlangt es, mit maximalem Ressourcenaufwand ein gegebenes Produktionsergebnis zu erzielen.

(2) Als Maximalprinzip verlangt es, mit gegebenem Ressourcenaufwand ein maximales Produktionsergebnis zu erzielen.

(3) Als Minimalprinzip erfordert es, ein minimales Produktionsergebnis mit bestimmtem Ressourceneinsatz zu erzielen.

(4) Als Minimalprinzip erfordert es, ein bestimmtes Produktionsergebnis mit minimalem Ressourceneinsatz zu erzielen.

(a) Nur Aussage (1) trifft zu.

(b) Nur Aussage (2) trifft zu.

(c) Nur Aussage (3) trifft zu.

(d) Nur Aussage (4) trifft zu.

(e) Aussagen (1) und (3) treffen zu.

(f) Aussagen (2) und (4) treffen zu.

(g) Aussagen (2) und (3) treffen zu.

Aufgabe 2

Welche Aussage zum ökonomischen Prinzip trifft zu?

(a) Der Homo oeconomicus versucht, mit geringstmöglichem Einsatz den größtmöglichen Ertrag zu erzielen.

(b) Gewinnmaximierende Unternehmen produzieren mit minimalen Kosten den maximalen Output.

(c) Das Maximalprinzip verlangt, bei minimalem Ressourcenaufwand einen minimalen Output zu produzieren.

(d) Das Minimalprinzip bedeutet, eine gegebene Outputmenge mit minimalem Ressourceneinsatz zu produzieren.

(e) Keine der Aussagen (a) bis (d) trifft zu.

Aufgabe 3

Welche der folgenden Aussagen zu freien Gütern in einer Volkswirtschaft trifft zu?

(a) Freie Güter sind im Gegensatz zu knappen Gütern grundsätzlich im Überfluss vorhanden, können jedoch ihre natürlichen Eigenschaften im Laufe der Zeit verlieren.

(b) Für freie Güter lässt sich im Regelfall kein Preis erzielen, so dass sie ausschließlich vom Staat bereitgestellt werden.

(c) Freie Güter sind nur in einer sozialen Marktwirtschaft erhältlich, wogegen sie in zentralen Planwirtschaften nicht erhältlich waren.

(d) Freie Güter können aufgrund ihres hohen Preises nur jeweils von einem Konsumenten genutzt werden.

(e) Keine der Aussagen (a) bis (d) trifft zu.

Aufgabe 4

Welche der folgenden Aussagen zum Opportunitätskostenprinzip ist **unzutreffend**?

(a) Opportunitätskosten bestehen darin, dass man durch seine Entscheidung für ein bestimmtes Güterbündel auf andere Alternativen verzichten muss.

(b) Gebrauchsgüter sind jene Konsumgüter, die zwar mehrmals, aber nur immer von einer Person genutzt werden können.

(c) Bei reinen öffentlichen Gütern sind die Kosten des Ausschlusses zu vernachlässigen im Vergleich zu den Kosten für die Bereitstellung.

(d) Volkswirtschaften müssen sich entscheiden zwischen privaten und öffentlichen Gütern, wobei die Rivalität im Konsum ein wesentliches Kriterium ist.

(e) Keine der Aussagen (a) bis (d) ist unzutreffend.

Aufgabe 5

Das Prinzip des innovativen Wandels stellt auf die Veränderung wirtschaftlicher Strukturen ab. Welche der nachfolgend genannten Faktoren beeinflussen diesen strukturellen Wandel?

(1) Die Intensität des technischen Fortschritts.

(2) Die Art des technischen Fortschritts.

(3) Die Marktakzeptanz neuer Güter.

(4) Die institutionellen Rahmenbedingungen einer Volkswirtschaft.

(5) Die Bereitschaft und die finanziellen Möglichkeiten von Unternehmen, in die Entwicklung neuer Produkte und neuer Produktionsverfahren zu investieren.

(a) Nur der in (4) genannte Aspekt beeinflusst den Strukturwandel einer Volkswirtschaft.

(b) Nur die in (1) bis (3) genannten Faktoren beeinflussen den Strukturwandel.

(c) Nur die in (4) und (5) angeführten Faktoren beeinflussen den Strukturwandel.

(d) Alle fünf genannten Faktoren beeinflussen den Strukturwandel.

(e) Keiner der genannten Faktoren beeinflusst den Strukturwandel.

Aufgabe 6

Welche Instrumente stehen dem Staat zur Verfügung, um das Prinzip der Verteilungsgerechtigkeit zu realisieren?

(1) Die Bereitstellung öffentlicher Güter.

(2) Die Weitergabe von durch Steuern finanzierten Transferzahlungen an Bedürftige.

(3) Die Beseitigung des Sozialversicherungssystems.

(4) Die Einführung eines einheitlichen Einkommensteuersatzes.

(a) Nur Aussage (2) trifft zu.

(b) Nur die ersten beiden Aussagen treffen zu.

(c) Nur die Aussagen (2) und (4) treffen zu.

(d) Alle Aussagen (1) bis (4) treffen zu.

(e) Keine der Aussagen (1) bis (4) trifft zu.

Aufgabe 7

Nehmen Sie an, in einem Land soll der Strommarkt liberalisiert werden. Um einen reibungslosen und fairen Wettbewerb sicherzustellen, wird nun eine staatliche Wettbewerbsbehörde eingerichtet.

Welchem der Ihnen bekannten Prinzipien der Volkswirtschaftslehre ist die Schaffung einer solchen Institution am ehesten zuzuordnen?

(a) Dem ökonomischen Prinzip.

(b) Dem Prinzip staatlicher Korrekturen.

(c) Dem Prinzip der Verteilungsgerechtigkeit.

(d) Dem Prinzip des innovativen Wandels.

(e) Dem Prinzip der Knappheit.

(f) Keine der Alternativen (a) bis (e) ist richtig.

Aufgabe 8

Wenn Märkte nicht so funktionieren wie die ideale Marktform der vollständigen Konkurrenz, spricht man in der Volkswirtschaftslehre von Marktversagen.

Worin können die Ursachen dafür liegen, dass es in der Realität zu Abweichungen vom theoretisch optimalen Marktergebnis kommt?

(a)   In Einschränkungen des Wettbewerbs.

(b)   In Externalitäten im Konsumbereich.

(c)   In Markteintrittsbarrieren für potentielle Anbieter.

(d)   In Preisabsprachen zwischen mehreren Unternehmen am Markt.

(e)   Alle Alternativen (a) bis (d) geben mögliche Ursachen für Marktversagen an.

(f)   Keine der Alternativen (a) bis (e) ist richtig.

Aufgabe 9

Was wird in der Volkswirtschaftslehre unter dem Begriff „Kapital" verstanden?

(a)   Das gesamte Geldkapital, welches in einer Volkswirtschaft im Umlauf ist.

(b)   Die Summe aus Realkapital und Geldkapital in einer Volkswirtschaft.

(c)   Das gesamte Geldvermögen aller Haushalte und Unternehmen.

(d)   Alle produzierten Güter, die entweder noch nicht konsumiert wurden oder nicht konsumiert werden.

(e)   Keine der Alternativen (a) bis (d) ist richtig.

Aufgabe 10

Welches der nachfolgend genannten ökonomischen Prinzipien hat **keinen** unmittelbaren Einfluss auf den Allokationsprozess?

(a)   Das Prinzip der Güterknappheit.

(b)   Das Prinzip staatlicher Korrekturen.

(c)   Das Prinzip des abnehmenden Grenznutzens im Konsum.

(d) Das Prinzip der Verteilungsgerechtigkeit.

(e) Das Prinzip des innovativen Wandels.

(f) Alle in den Antworten (a) bis (e) genannten Prinzipien beeinflussen unmittelbar den Allokationsprozess.

Aufgabe 11

In jüngster Vergangenheit hat sich besonders in den industrialisierten Volkswirtschaften gezeigt, dass der Produktionsfaktor „Wissen" immer bedeutender wird. Nehmen Sie an, dass der Einsatzfaktor „Wissen" den Charakter eines öffentlichen Gutes hat.

Wie verändern sich demzufolge die Aussagen zu den grundlegenden Problemen von Volkswirtschaften und dabei speziell zum Problem der Knappheit?

(1) Für den Inputfaktor „Wissen" besteht die gleiche Verwendungskonkurrenz wie für die beiden Faktoren Arbeit und Kapital.

(2) Für den Inputfaktor „Wissen" kann kein Preis verlangt werden, so dass die Unternehmen zwar bessere Produktionsmöglichkeiten erreichen, ihre gesamten Produktionskosten durch den Einsatz des Inputfaktors „Wissen" jedoch nicht ansteigen.

(3) Während sich der Preis für Kapital und Boden durch das Zusammenspiel von Angebot und Nachfrage bestimmt, steht „Wissen" kostenlos zur Verfügung.

(4) Diejenigen Unternehmen, die den Bestand des Inputfaktors „Wissen" erweitern (z.B. durch Innovationen), haben gegenüber ihren Konkurrenten keinen Wettbewerbsvorteil.

(a) Nur die Aussage (1) ist falsch, alle anderen Aussagen sind zutreffend.

(b) Nur die Aussage (4) ist falsch, alle anderen Aussagen sind zutreffend.

(c) Die Aussagen (1) und (4) sind falsch, die Aussagen (2) und (3) sind zutreffend.

(d) Die Aussagen (2) und (3) sind falsch, die Aussagen (1) und (4) sind zutreffend.

(e) Alle vier Aussagen sind zutreffend.

(f) Keine der Aussagen (1) bis (4) ist zutreffend.

2. Knappheit, Tausch und Effizienz

Aufgabe 12

Nehmen Sie an, dass das Konzept der Transformationskurve gilt.
Welche der folgenden Aussagen bezüglich der Transformationskurve ist **unzutreffend**?

(a) Eine Volkswirtschaft, in der Unterbeschäftigung herrscht, produziert auf einem Punkt innerhalb der Transformationskurve.

(b) Es kann nie ein Punkt genau auf der Transformationskurve erzielt werden, wenn in einer Volkswirtschaft Ineffizienzen in der Produktion vorherrschen.

(c) Die Knappheit der Güter wird unter anderem durch einen konkaven Verlauf der Transformationskurve ausgedrückt.

(d) Bei einem konkaven Verlauf der Transformationskurve gilt das Gesetz der abnehmenden Opportunitätskosten.

(e) Die Opportunitätskosten sind konstant, falls die Transformationskurve einen linearen Verlauf hat.

(f) Keine der Aussagen (a) bis (e) ist unzutreffend.

Aufgabe 13

Wie können in einer Volkswirtschaft die Produktionsfunktionen für Gut 1 und Gut 2 aussehen, die eine lineare Produktionsmöglichkeitenkurve hervorbringen?

(a) Die Produktionsfunktionen für Gut 1 und Gut 2 sind monoton steigend und streng konkav.

(b) Die Produktionsfunktionen für Gut 1 und Gut 2 haben konstante Grenzerträge.

(c) Die Produktionsfunktionen für Gut 1 und Gut 2 sind streng konvex und monoton fallend.

(d) Die Produktionsfunktionen für Gut 1 und Gut 2 haben zunehmende Grenzerträge.

(e) Die Produktionsfunktionen für Gut 1 und Gut 2 sind streng konvex und monoton steigend.

(f) Keine der Alternativen (a) bis (e) ist richtig.

Aufgabe 14

Gegeben ist eine Ökonomie, in der zwei Güter mit einem Einsatzfaktor produziert werden können. Die Produktionsfunktion für Gut 1 ist streng konkav, die für Gut 2 verläuft linear.

Welche der folgenden Aussagen trifft dann zu?

(a) Die Produktionsmöglichkeitenkurve ist konvex.

(b) Die Opportunitätskosten sind konstant.

(c) Das Gesetz der abnehmenden Opportunitätskosten gilt.

(d) Das Gesetz der zunehmenden Opportunitätskosten gilt.

(e) Die Produktionsfunktion für Gut 1 weist ebenso einen ertragsgesetzlichen Verlauf auf wie die Produktionsfunktion für Gut 1.

(f) Keine der Aussagen (a) bis (e) trifft zu.

Aufgabe 15

Gegeben ist eine gewöhnliche Produktionsmöglichkeitenkurve $C = C(L, I)$ mit zunehmenden Opportunitätskosten, die die maximale Produktion des Gutes C in Abhängigkeit des einzigen Inputfaktors L und des alternativ zu produzierenden Gutes I angibt.

Welche der folgenden Aussagen ist dann zutreffend?

(1) Die Produktionsmöglichkeitenkurve ist konkav in I.

(2) Eine Erhöhung von L beeinflusst die Produktionsmöglichkeitenkurve nicht.

(3) Je größer die produzierte Menge von I ist, desto kleiner wird die Menge von C, auf die man verzichten muss, um eine zusätzliche Einheit von I zu produzieren.

(4) Alle Punkte innerhalb der Produktionsmöglichkeitenkurve, für die $C < C(L, I)$ gilt, sind effizient.

(5) Technischer Fortschritt beeinflusst die Produktionsmöglichkeitenkurve nicht.

(a) Nur Aussage (1) ist zutreffend.

(b) Nur Aussage (2) ist zutreffend.

(c) Nur Aussage (3) ist zutreffend.

I. Grundlagen

(d) Nur Aussage (4) ist zutreffend.

(e) Nur Aussage (5) ist zutreffend.

(f) Nur die Aussagen (1) und (2) sind zutreffend.

(g) Nur die Aussagen (3) und (5) sind zutreffend.

Aufgabe 16

Die Produktionsmöglichkeiten einer Volkswirtschaft sind in der Abbildung 1 durch die Kurve AA gegeben.

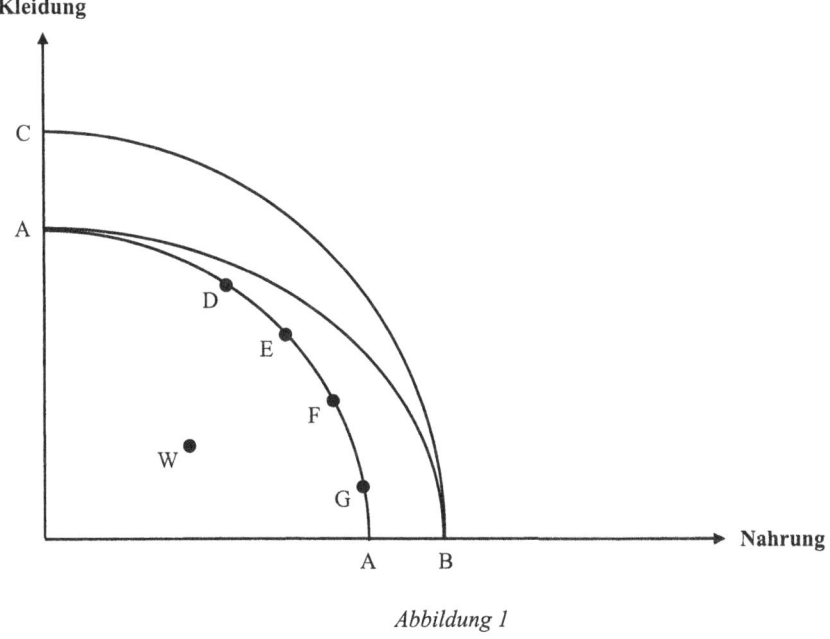

Abbildung 1

Worin kann die Ursache für eine Verschiebung von AA nach AB liegen?

(a) In einem Wandel in den Präferenzen der Bevölkerung, die mehr Nahrungsmittel und weniger Kleidung konsumieren möchte.

(b) Im Einsatz neuer Ressourcen ausschließlich in der Bekleidungsproduktion.

(c) In der Verwendung einer verbesserten Technologie sowohl in der Bekleidungs- als auch in der Nahrungsmittelproduktion.

(d) Nahrungsmittel wurden durch Bekleidung substituiert.

(e) Bei der Nahrungsmittelproduktion wurde eine bessere Technologie eingesetzt.

(f) Keine der Alternativen (a) bis (e) ist richtig.

Aufgabe 17

Welche der Alternativen (a) bis (f) trifft in Aufgabe 16 zu, wenn sich die Produktionsmöglichkeiten in Abbildung 1 von AA nach BC verschieben?

(a)

(b)

(c)

(d)

(e)

(f)

Aufgabe 18

Die Produktionsmöglichkeiten einer Volkswirtschaft sind durch die Kurve AA in Abbildung 1 gegeben. Den tatsächlich produzierten Output gibt der Punkt W wieder.

Welche Aussage trifft bezüglich dieses Punktes zu?

(a) Es ist unmöglich, mehr Kleidung zu produzieren, ohne die Nahrungsmittelproduktion zu reduzieren.

(b) Entweder sind nicht alle verfügbaren Ressourcen in der Produktion eingesetzt oder sie sind nicht bestmöglich verwendet.

(c) Das Gesetz des abnehmenden Ertragszuwachses ist hier nicht erfüllt.

(d) Ein solcher Output kann nicht produziert werden.

(e) Keine der Aussagen (a) bis (d) trifft zu.

I. Grundlagen

Aufgabe 19

Die Produktionsmöglichkeiten einer Volkswirtschaft sind wiederum durch die Kurve AA in Abbildung 1 gegeben.

In welchem der Punkte D, E, F, G ist der Wert der Nahrungsmittel, gemessen in Opportunitätskosten, am größten?

(a) D

(b) E

(c) F

(d) G

(e) Die Opportunitätskosten sind in jedem der Punkte D, E, F und G gleich groß, weil alle diese Punkte auf der Produktionsmöglichkeitenkurve liegen.

(f) Keine der Alternativen (a) bis (e) ist richtig.

Aufgabe 20

Die nachstehende Abbildung zeigt die Produktionsmöglichkeiten einer Volkswirtschaft, die zwei Güter mit lediglich einem Einsatzfaktor (Arbeit A) produzieren kann.

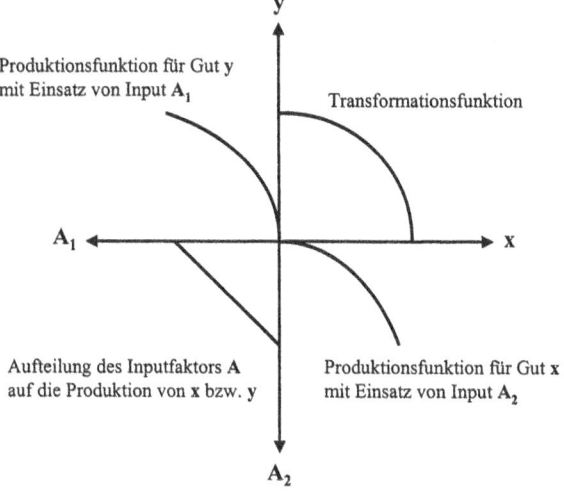

Abbildung 2

Welche der folgenden Aussagen trifft dann **nicht** zu?

(a) In dieser Volkswirtschaft bestehen zunehmende Opportunitätskosten in der Produktion.

(b) Bei Bevölkerungswachstum erhöht sich die Menge des Inputfaktors Arbeit, und damit verschiebt sich die Transformationsfunktion nach außen.

(c) Bei der Produktion von Gut x bestehen steigende Skalenerträge.

(d) Der Produktionsfaktor Arbeit weist abnehmende Grenzerträge in der Güterproduktion auf.

(e) Alle Aussagen (a) bis (d) treffen zu.

Aufgabe 21

Nehmen Sie an, die in untenstehender Abbildung dargestellte Kurve beschreibt die Produktionsmöglichkeiten einer Volkswirtschaft.

Welche der nachfolgenden Aussagen trifft dann zu?

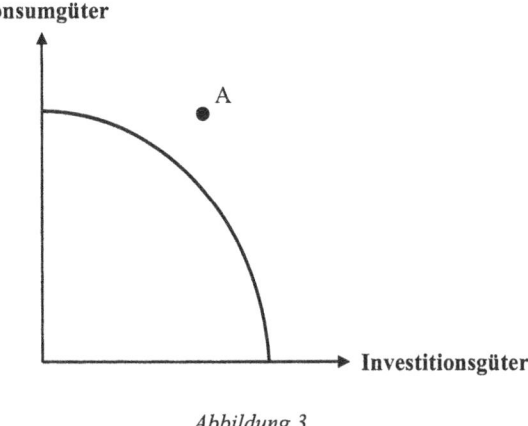

Abbildung 3

(a) Es handelt sich hierbei um eine Produktionsmöglichkeitenkurve, die im Unterschied zur Transformationskurve den Zusammenhang zwischen Investitions- und Konsumgüter beschreibt.

(b) Punkt A wäre aus Sicht der Wohlfahrtstheorie ein wünschenswertes Ziel, welches durch einen technologischen Fortschritt erreicht werden kann.

(c) Durch eine zunehmende Produktion von Konsumgütern bei gleichzeitiger Reduktion von Investitionsgütern auf der gegebenen Produktionsmöglichkeitenkurve ist es grundsätzlich möglich, die Wohlfahrt zu erhöhen.

(d) Wenn die betrachtete Volkswirtschaft in Punkt A produziert, handelt es sich um ein effizientes Ergebnis.

(e) Keine der Aussagen (a) bis (d) trifft zu.

Aufgabe 22

Die Transformationskurve einer Volkswirtschaft zwischen Autos (A) und Motorrädern (M) ist gegeben durch die Funktion $A = 0{,}5 \cdot L^2 + K^2 - 0{,}06 \cdot M^2$. Der Arbeitsinput ist L und der Kapitalinput ist K (es gilt: $L \leq 200$, $K \leq 200$).

Wie viele Motorräder können maximal produziert werden?

(a) 60

(b) 100

(c) 1.000

(d) 10.000

(e) 60.000

(f) 100.000

(g) Keine der Alternativen (a) bis (f) ist richtig.

Aufgabe 23

Wie groß sind die Opportunitätskosten in der vorherigen Aufgabe für zusätzliche Motorräder, wenn 100 Motorräder hergestellt werden?

(a) 3 Autos

(b) 6 Autos

(c) 12 Autos

(d) 18 Autos

(e) 600 Autos

(f) 10.000 Autos

(g) Keine der Alternativen (a) bis (f) ist richtig.

Aufgabe 24

Die Transformationskurve einer Volkswirtschaft zwischen Autos (A) und Fahrrädern (F) sei durch die Funktion $A = 2{,}5 \cdot L^2 + 5 \cdot K^2 - 0{,}3 \cdot F^2$ gegeben. Als Arbeitsinput (L) stehen L = 200 und als Kapitalinput K stehen K = 200 Einheiten zur Verfügung.

Wie viele Fahrräder können maximal produziert werden und wie groß sind die Opportunitätskosten für ein zusätzliches Fahrrad, wenn bereits 100 Fahrräder produziert werden?

Runden Sie das Ergebnis auf ganze Zahlen.

Die Lösungsvorschläge sind in den folgenden Vektoren (F^{max}; Opportunitätskosten) gegeben.

(a) (1.000; –100)

(b) (1.000; –60)

(c) (150; 60)

(d) (100; 60)

(e) (100; –10)

(f) Keine der Alternativen (a) bis (e) ist richtig.

Aufgabe 25

In der Volkswirtschaft aus der vorigen Aufgabe 24 tritt nun im Automobilsektor technischer Fortschritt auf, der Fahrradsektor bleibt davon unberührt.

Bei konstanten Faktorbeständen und einer Produktion von 100 Fahrrädern führt dies zu...

(1) ...einer Erhöhung der Automobilproduktion.

(2) ...einer Verringerung der Automobilproduktion.

(3) ...steigenden Opportunitätskosten für zusätzliche Fahrräder.

(4) ...sinkenden Opportunitätskosten für zusätzliche Fahrräder.

Welche der obigen Aussagen (1) bis (4) ist/sind zutreffend?

(a)   Nur Aussage (1) ist zutreffend.

(b)   Nur die Aussagen (1) und (3) sind zutreffend.

(c)   Nur die Aussagen (1) und (4) sind zutreffend.

(d)   Nur die Aussagen (2) und (3) sind zutreffend.

(e)   Nur die Aussagen (2) und (4) sind zutreffend.

(f)   Keine der Aussagen (1) bis (4) ist zutreffend.

Aufgabe 26

Gegeben ist eine gewöhnliche Transformationskurve C = C (L, I) mit zunehmenden Opportunitätskosten, die die maximale Produktion des Gutes C in Abhängigkeit des einzigen Inputfaktors L und des alternativ zu produzierenden Gutes I angibt. Der Staat erhebt nun auf den Inputfaktor L eine Proportionalsteuer s (es gilt: 0 < s < 1).

Worin bestehen dann die Auswirkungen auf die Produktionsmöglichkeitenkurve?

(a)   In einer Erhöhung der Opportunitätskosten von Gut I und in einer Rechtsdrehung der Produktionsmöglichkeitenkurve (vom Ursprung weg).

(b)   In einer Erhöhung der Opportunitätskosten von Gut I und in einer Linksdrehung der Produktionsmöglichkeitenkurve (zum Ursprung hin).

(c)   In einer Senkung der Opportunitätskosten von Gut I und in einer Rechtsdrehung der Produktionsmöglichkeitenkurve (vom Ursprung weg).

(d)   In einer Senkung der Opportunitätskosten von Gut I und in einer Linksdrehung der Produktionsmöglichkeitenkurve (zum Ursprung hin).

(e)   In einer Verschiebung der Produktionsmöglichkeitenkurve nach innen (zum Ursprung hin) bei unveränderten Opportunitätskosten von Gut I.

(f)   In einer Verschiebung der Produktionsmöglichkeitenkurve nach außen (vom Ursprung weg) bei unveränderten Opportunitätskosten von Gut I.

(g)   Keine der Alternativen (a) bis (f) ist richtig.

Aufgabe 27

Eine stationäre Volkswirtschaft, in der die zwei Güter x und y produziert werden, verfügt über einen konstanten Bestand des einzigen Produktionsfaktors von 100 Einheiten und über eine Transformationskurve mit konstanten Opportunitätskosten. Es können unter anderem folgende Kombinationen der beiden Güter x und y hergestellt werden: $(x; y) = (0; 25)$ und $(x; y) = (50; 0)$. Dabei wird der gesamte Bestand des Produktionsfaktors benötigt.

Kann diese Volkswirtschaft das Güterbündel $(x; y) = (40; 10)$ produzieren?

(a) Das Güterbündel $(x; y) = (40; 10)$ kann realisiert werden.

(b) Das Güterbündel $(x; y) = (40; 10)$ kann nicht realisiert werden.

(c) Für die Beantwortung der Frage muss die Produktionstechnologie explizit gegeben sein.

(d) Für die Beantwortung der Frage muss angegeben werden, ob es sich bei dem Produktionsfaktor um Arbeit oder Kapital handelt.

(e) Die Beantwortung der Frage hängt davon ab, ob sich der Geldmarkt im Gleichgewicht befindet.

(f) Keine der Alternativen (a) bis (e) ist richtig.

Aufgabe 28

In der Volkswirtschaft aus der vorigen Aufgabe findet technologischer Fortschritt statt. Nun sind die beiden Güterkombinationen $(x; y) = (0; 50)$ und $(x; y) = (50; 0)$ realisierbar. Die Produktivität in der Herstellung des Gutes y ist also gestiegen. Die Ressourcenausstattung bleibt dabei unverändert und die Opportunitätskosten sind nach wie vor konstant.

Kann die Volkswirtschaft das Güterbündel $(x; y) = (40; 10)$ produzieren?

(a) Das Güterbündel $(x; y) = (40; 10)$ kann realisiert werden.

(b) Das Güterbündel $(x; y) = (40; 10)$ kann nicht realisiert werden.

(c) Für die Beantwortung der Frage muss die Produktionstechnologie explizit gegeben sein.

(d) Für die Beantwortung der Frage muss angegeben werden, ob es sich bei dem Produktionsfaktor um Arbeit oder Kapital handelt.

(e) Keine der Alternativen (a) bis (d) ist richtig.

Aufgabe 29

Für eine Volkswirtschaft mit zwei Haushalten liegen konvexe soziale Indifferenzkurven und die konkave Nutzenmöglichkeitengrenze (Kurve ST) vor, wie sie in Abbildung 4 dargestellt sind. Das Nutzenniveau des Haushaltes 1 ist mit u_1, jenes des Haushaltes 2 ist mit u_2 bezeichnet.

Welche Aussage zu dieser Volkswirtschaft ist zutreffend?

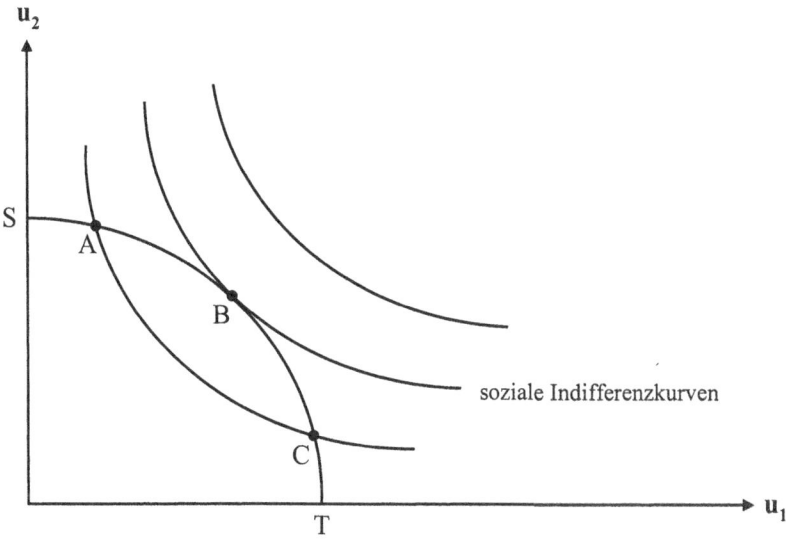

Abbildung 4

(a) Die Kurve ST gibt alle Kombinationen der Nutzenniveaus u_1 und u_2 an, die die gleiche gesellschaftliche Wohlfahrt hervorbringen.

(b) Die Punkte A und B repräsentieren die gleiche gesellschaftliche Wohlfahrt.

(c) Die Punkte S und T werden als Cournot-Punkte bezeichnet.

(d) Der Punkt B stellt in dieser Volkswirtschaft die wohlfahrtsmaximale Allokation dar.

(e) Der Punkt C kann nicht realisiert werden.

(f) Keine der Aussagen (a) bis (e) ist zutreffend.

Aufgabe 30

Betrachten Sie die in Abbildung 5 dargestellte Edgeworth-Box für eine Volkswirtschaft, die aus zwei Konsumenten besteht. Die Anfangsausstattung des Konsumenten 1 wird vom Ursprung 0 aus gemessen, die des Konsumenten 2 wird vom Punkt A aus gemessen.

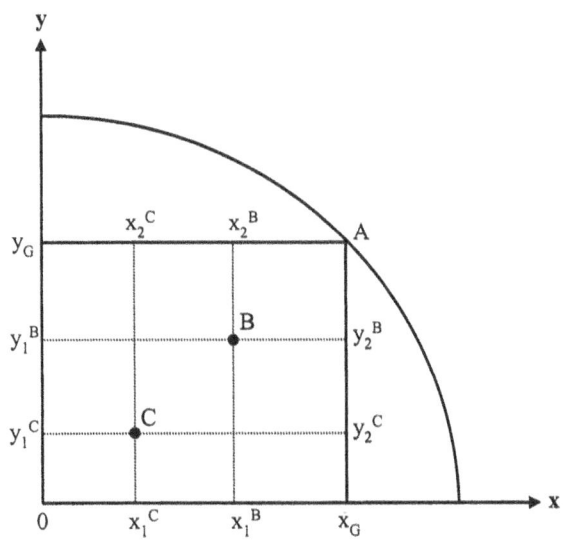

Abbildung 5

Die Gesamtmenge von Gut x beträgt x_G, jene von Gut y ist y_G.

Über welche Gütermengen von x und y verfügt Konsument 2, falls die Anfangsausstattung durch den Punkt B gegeben ist?

(a) x_1^B y_1^B

(b) $x_G - x_2^B$ $y_G - y_2^B$

(c) $x_G - x_1^B$ $y_G - y_1^B$

(d) $x_G - x_1^C$ $y_G - y_1^C$

(e) $x_G - x_2^C$ $y_G - y_2^C$

(f)   Keine der Alternativen (a) bis (e) ist richtig.

Aufgabe 31

Welche Gütermengen von x und y besitzt Konsument 1 in Abbildung 5, falls die Anfangsausstattung durch den Punkt C gegeben ist?

(a) $x_G - x_1^B$ $y_G - y_1^B$

(b) $x_G - x_2^B$ $y_G - y_2^B$

(c) x_1^B y_1^B

(d) $x_G - x_1^C$ $y_G - y_1^C$

(e) $x_G - x_2^C$ $y_G - y_2^C$

(f)   Keine der Alternativen (a) bis (e) ist richtig.

Aufgabe 32

In welchem der drei Punkte A, B und C in obiger Abbildung 5 ist der Nutzen des Konsumenten 2 am größten, wenn angenommen wird, dass die Indifferenzkurven beider Konsumenten wie üblich konvex zum jeweiligen Ursprung verlaufen?

(a)   In Punkt A.

(b)   In Punkt B.

(c)   In Punkt C.

(d)   Der Nutzen des Konsumenten 2 ist in allen drei Punkten A, B und C gleich groß.

(e)   Über den Nutzen aus dem Güterkonsum kann mit den vorliegenden Angaben keine Aussage getroffen werden.

(f)   Keine der Alternativen (a) bis (e) ist richtig.

3. Märkte und Preise

Aufgabe 33

In der folgenden Tabelle sollen die Beziehungen zwischen Angebot und Nachfrage auf Güter- und Faktormärkten angegeben werden.

Art des Marktes / Marktpartner	Faktormarkt	Gütermarkt
Anbieter	①	②
Nachfrager	③	④

Ordnen Sie den eingetragenen Zahlen in der Tabelle die passenden Begriffe zu.

(a) ① Haushalte (Faktornachfrage); ② Unternehmen (Güterangebot); ③ Unternehmen (Faktorangebot); ④ Haushalte (Güternachfrage).

(b) ① Unternehmen (Faktorangebot); ② Haushalte (Güterangebot); ③ Haushalte (Faktornachfrage); ④ Unternehmen (Güternachfrage).

(c) ① Haushalte (Faktorangebot); ② Unternehmen (Güterangebot); ③ Unternehmen (Faktornachfrage); ④ Haushalte (Güternachfrage).

(d) ① Unternehmen (Faktorangebot); ② Unternehmen (Güterangebot); ③ Haushalte (Faktornachfrage); ④ Haushalte (Güternachfrage).

(e) Keine der Alternativen (a) bis (d) ist richtig.

Aufgabe 34

Wie kann im Preis-Mengen-Diagramm eine fallende Marktnachfragekurve für ein Gut interpretiert werden?

(a) Das Angebot übersteigt die Nachfrage und bewirkt eine Preisreduktion.

(b) Die Konsumenten kaufen normalerweise mehr von dem Gut, wenn das Einkommen steigt.

(c) Es wird mehr nachgefragt, falls der Preis sinkt.

(d) Die Nachfrage nach dem Gut geht zurück, falls dieses aus der Mode kommt oder durch ein qualitativ besseres Produkt ersetzt wird.

(e) Keine der Alternativen (a) bis (d) ist richtig.

Aufgabe 35

Falls sich im Preis-Mengen-Diagramm die Nachfragekurve für ein Gut nach unten verschiebt, kann dies den folgenden Grund haben:

(a) Das verfügbare Angebot des Gutes ist zurückgegangen.

(b) Der Preis des Gutes ist gestiegen und als Folge davon ist die Nachfrage der Konsumenten nach diesem Gut zurückgegangen.

(c) Die Präferenzen haben sich zugunsten dieses Gutes verändert und die Konsumenten möchten bei jedem Preis mehr kaufen als zuvor.

(d) Der Preis des Gutes ist gefallen und folglich ist die Nachfrage der Konsumenten gestiegen.

(e) Keiner der in den Alternativen (a) bis (d) genannten Gründe trifft zu.

Aufgabe 36

Worin kann unter den üblichen ökonomischen Annahmen die Ursache dafür liegen, dass sich im Preis-Mengen-Diagramm eine gewöhnliche Nachfragekurve für ein Gut x nach rechts verschiebt?

(a) Das verfügbare Angebot des Gutes x hat sich erhöht.

(b) Der Preis des Gutes x ist gefallen und als Folge davon ist die Nachfrage der Konsumenten nach diesem Gut gestiegen.

(c) Der Preis des Gutes x ist gestiegen und als Folge davon ist die Nachfrage der Konsumenten nach diesem Gut gestiegen.

(d) Der Preis eines Komplementärgutes ist gefallen und in der Folge davon hat sich die Nachfrage der Konsumenten für das Gut x erhöht.

(e) Die Angebotskurve hat sich verschoben und in der Folge davon hat sich die Nachfrage der Konsumenten für das Gut x erhöht.

(f) Der Preis eines Substitutionsgutes ist gefallen.

(g) Keine der Alternativen (a) bis (f) ist richtig.

Aufgabe 37

Die Angebotsfunktion auf einem Markt hat sich so verschoben, dass nun zu jedem beliebigen Güterpreis eine geringere Gütermenge angeboten wird.

Welcher der nachfolgend genannten ökonomischen Schocks kann hierfür die Ursache sein?

(a) Die nachgefragte Gütermenge war geringer als die angebotene Gütermenge.

(b) Die Preise für Produktionsfaktoren sind kräftig gestiegen.

(c) Das Einkommen der privaten Haushalte ist gesunken.

(d) Es fand ein technologischer Fortschritt statt, so dass die Produktion nun effizienter ist als zuvor.

(e) Der Güterpreis ist gesunken.

(f) Keine der Alternativen (a) bis (e) ist richtig.

Aufgabe 38

Angebotskurven werden im Preis-Mengen-Diagramm normalerweise mit einem monoton steigenden Verlauf dargestellt.

Wie kann dieser Verlauf interpretiert werden?

(a) Jeder Anstieg in den Produktionskosten führt zu einem höheren Preis.

(b) Die Konsumenten werden umso mehr kaufen, je niedriger der Preis ist.

(c) Die Anbieter möchten umso mehr verkaufen, je höher der Preis ist.

(d) Die Anbieter müssen umso mehr verkaufen, je niedriger der erzielbare Preis ist.

(e) Keine der Alternativen (a) bis (d) ist richtig.

Aufgabe 39

Wie wirkt sich im Preis-Mengen-Diagramm ein Anstieg in den Produktionskosten eines Gutes aus?

(a) Die Nachfragekurve verschiebt sich nach oben.

(b) Die Angebotskurve verschiebt sich nach oben.

(c) Sowohl die Angebots- als auch die Nachfragekurve verschieben sich nach oben.

(d) Die Angebotskurve verschiebt sich nach unten.

(e) Es gehen keine Wirkungen auf Angebots- oder Nachfragekurve aus.

(f) Keine der Alternativen (a) bis (e) ist richtig.

Aufgabe 40

Welche der folgenden Aussagen ist zutreffend?

(a) Eine Einkommenserhöhung der Konsumenten verschiebt sowohl die Angebots- als auch die Nachfragefunktion.

(b) Das Gesetz von Angebot und Nachfrage wurde im Jahre 1949 vom Deutschen Bundestag verabschiedet.

(c) Eine Änderung der Faktorpreise verändert zwar die Angebotsmenge, verschiebt jedoch nicht die Angebotsfunktion.

(d) Der Gleichgewichtspreis und die gleichgewichtige Menge reagieren auf eine Änderung in den Präferenzen der Konsumenten nicht, weil ein Gleichgewicht als ein stabiler Zustand charakterisiert ist.

(e) Keine der Aussagen (a) bis (d) ist zutreffend.

Aufgabe 41

Falls der Preis eines Gutes auf einem Markt mit vollständiger Konkurrenz 5 Euro beträgt, die Konsumenten bei diesem Preis 4.000 Einheiten dieses Gutes wöchentlich kaufen und die Produzenten 5.000 Einheiten verkaufen möchten, dann geschieht unter den üblichen ökonomischen Annahmen folgendes:

(a) Der Preis wird unter 5 Euro fallen und die Produzenten werden weniger als 5.000 Einheiten anbieten.

(b) Der Preis wird über 5 Euro steigen und die Produzenten werden mehr als 5.000 Einheiten anbieten.

(c) Der Preis wird unter 5 Euro fallen und die Konsumenten werden weniger als 4.000 Einheiten kaufen.

(d) Der Preis wird über 5 Euro steigen und die Produzenten werden weniger als 5.000 Einheiten anbieten.

(e) Diese Situation kann in einem Markt bei vollständiger Konkurrenz nicht vorkommen.

(f) Keine der Alternativen (a) bis (e) ist richtig.

Aufgabe 42

$p_A(x_A) = 0{,}5 \cdot x_A + 2$ ist die Marktangebotsfunktion und $p_N(x_N) = -0{,}5 \cdot x_N + 4$ ist die Marktnachfragefunktion mit x_A bzw. x_N als angebotener bzw. nachgefragter Menge und $p_A(x_A)$ bzw. $p_N(x_N)$ als Angebots- bzw. Nachfragepreis in Abhängigkeit von der jeweiligen Menge.

Welches Gleichgewicht $(p^*; x^*)$ stellt sich auf diesem Markt ein?

(a) $(p^*; x^*) = (2; 4)$

(b) $(p^*; x^*) = (3; 2)$

(c) $(p^*; x^*) = (1; 5)$

(d) $(p^*; x^*) = (0{,}5; -0{,}5)$

(e) $(p^*; x^*) = (2; 0{,}5)$

(f) Es existiert kein Marktgleichgewicht.

(g) Keine der Alternativen (a) bis (f) ist richtig.

Aufgabe 43

Auf einem Markt für ein homogenes Gut gilt folgende Marktangebotsfunktion: $x_A(p_A) = 2 \cdot p_A - 8$.
Die Marktnachfragefunktion des Gutes mit der Menge x und dem Preis p ist $p_N(x_N) = -0{,}5 \cdot x_N + 2$.

Durch welchen Punkt ist das Marktgleichgewicht $(p^*; x^*)$ gegeben?

(a) $(p^*; x^*) = (2; 4)$

(b) $(p^*; x^*) = (2; 3)$

(c) $(p^*; x^*) = (3; 2)$

(d) $(p^*; x^*) = (0{,}5; -0{,}5)$

(e) $(p^*; x^*) = (8; 4)$

(f) Es existiert kein Marktgleichgewicht.

(g) Keine der Alternativen (a) bis (f) ist richtig.

Aufgabe 44

Gegeben ist die Situation der vorhergehenden Aufgabe 43.

Wozu führt eine Erhöhung der Konsumenteneinkommen?

(a) Sie hat keinen Einfluss auf das Gleichgewicht, weil das Gleichgewicht stabil ist.

(b) Sie führt dazu, dass die Produzenten bei jedem Preis mehr anbieten.

(c) Sie führt dazu, dass die Nachfragekurve nach rechts verschoben wird, wobei mit dieser Angabe keine Aussagen über die Werte von Gleichgewichtspreis und gleichgewichtiger Menge getroffen werden können.

(d) Sie wird von den Anbietern mit einer Erhöhung der Angebotspreise beantwortet.

(e) Sie führt zu einer Verlängerung der Ladenöffnungszeiten.

(f) Keine der Alternativen (a) bis (e) ist richtig.

Aufgabe 45

Für das Gut x wird das Marktangebot durch die Funktion $p_A(x_A) = x_A^2 - 10$ angegeben, die Marktnachfragefunktion lautet $x_N(p_N) = 20 - p_N$. Der Güterpreis ist p.
Welche der folgenden Alternativen gibt demzufolge das Marktgleichgewicht $(p^*; x^*)$ an?

(a) $(p^*; x^*) = (5; 15)$

(b) $(p^*; x^*) = (15; 5)$

(c) $(p^*; x^*) = (10; 3)$

(d) $(p^*; x^*) = (4; 6)$

(e) $(p^*; x^*) = (3; 10)$

(f) Keine der Alternativen (a) bis (e) ist richtig.

Aufgabe 46

Auf einem Markt herrscht zunächst die Situation aus der vorhergehenden Aufgabe 45. In der darauffolgenden Periode stellt sich jedoch ein neues Gleichgewicht bei einem niedrigeren Preis und einer geringeren Menge ein.
Wodurch kann es zur Bildung dieses neuen Gleichgewichts gekommen sein?

(a) Durch eine Erhöhung der Preise der Inputfaktoren.

(b) Durch eine Senkung der Preise der Inputfaktoren.

(c) Durch eine Preissenkung eines normalen Gutes, das als Komplementärgut für Gut x dient.

(d) Durch eine Preissenkung eines Gutes, das als Substitut für Gut x dient.

(e) Keine der Alternativen (a) bis (d) ist richtig.

Aufgabe 47

Das Marktangebot wird durch die Funktion $x_A(p_A) = x_A(p_A) = \sqrt{p_A + 2}$ angegeben und die Marktnachfragefunktion lautet $p_N(x_N) = 16 - x_N^2$. Der Güterpreis ist p.
Welches Marktgleichgewicht $(p^*; x^*)$ ergibt sich?

Hinweis: $(a^m)^n = a^{m \cdot n}$

(a) $(p^*; x^*) = (5; 4)$

(b) $(p^*; x^*) = (2; 3)$

(c) $(p^*; x^*) = (7; 3)$

(d) $(p^*; x^*) = (4; 5)$

(e) $(p^*; x^*) = (3; 7)$

(f) Keine der Alternativen (a) bis (e) ist richtig.

Aufgabe 48

Auf einem Markt für ein homogenes Gut ist die Marktangebotsfunktion $p_A = 0{,}5x_A + 4$. Die Marktnachfragefunktion des Gutes mit der Menge x und dem Preis p ist $p_N = -0{,}5x_N + 2$.

Durch welchen Punkt ist das Marktgleichgewicht $(p^*; x^*)$ gegeben?

(a) $(p^*; x^*) = (2; 4)$

(b) $(p^*; x^*) = (2; 3)$

(c) $(p^*; x^*) = (3; 2)$

(d) $(p^*; x^*) = (0{,}5; -0{,}5)$

(e) $(p^*; x^*) = (8; 4)$

(f) Es existiert kein Gleichgewichtspunkt.

(g) Keine der Alternativen (a) bis (f) ist richtig.

Aufgabe 49

Welche der nachfolgenden Alternativen ist – ceteris paribus – richtig, wenn gewöhnliche Angebots- und Nachfragebeziehungen unterstellt werden?

(a) Je preiselastischer das Angebot ist, desto stärker steigt die nachgefragte Menge bei einer Preiserhöhung.

(b) Je preisunelastischer die Nachfrage ist, desto stärker sinkt die nachgefragte Menge bei einer Preiserhöhung.

(c) Je preiselastischer das Angebot ist, desto stärker steigt die angebotene Menge bei einer Preissenkung.

(d) Je preisunelastischer das Angebot ist, desto stärker steigt die angebotene Menge bei einer Preiserhöhung.

(e) Je preiselastischer die Nachfrage ist, desto stärker sinkt die nachgefragte Menge bei einer Preiserhöhung.

(f) Je preiselastischer das Angebot ist, desto stärker sinkt die angebotene Menge bei einer Preiserhöhung.

(g) Keine der Alternativen (a) bis (f) ist richtig.

Aufgabe 50

Gegeben sei folgende Nachfragefunktion: $x_N = 3 + (2/p^2)$.

Wie hoch ist die Preiselastizität der Nachfrage wenn der Güterpreis p = 1 ist und x_N die Nachfragemenge bezeichnet?

(a) −4/5

(b) 2

(c) 3

(d) −1/10

(e) 4/5

(f) Keine der Alternativen (a) bis (e) ist richtig.

Aufgabe 51

Gegeben ist die Nachfragefunktion $x_N = \alpha \cdot p^{-\beta}$. Die Nachfragemenge wird mit x_N, der Güterpreis mit p bezeichnet. Die Konstanten α sowie β sind positiv.

Wie verändert sich die Preiselastizität der Nachfrage, wenn sich eine lineare Angebotsfunktion aufgrund technologischen Fortschritts verschiebt?

(a) Die Preiselastizität der Nachfrage bleibt positiv, sinkt aber absolut.

(b) Die Preiselastizität der Nachfrage bleibt negativ, sinkt aber absolut.

(c) Die Preiselastizität der Nachfrage bleibt positiv, steigt aber absolut.

(d) Die Preiselastizität der Nachfrage bleibt negativ, steigt aber absolut.

(e) Die Preiselastizität der Nachfrage bleibt positiv und konstant.

(f) Die Preiselastizität der Nachfrage bleibt negativ und konstant.

(g) Keine der Alternativen (a) bis (f) ist richtig.

4. Der Staat

Aufgabe 52

Welche Aufgaben hat der Staat in einer gemischten Wirtschaftsordnung?

(a) Die Festlegung der wirtschaftlichen Rahmenbedingungen.

(b) Die Reallokation der Ressourcen, um höhere Effizienz zu erreichen.

(c) Die Stabilisierung der Konjunktur durch den Einsatz von Fiskal- oder Geldpolitik.

(d) Alle Alternativen (a) bis (c) sind richtig.

(e) Keine der Alternativen (a) bis (d) ist richtig.

Aufgabe 53

Welches der folgenden Ziele gehört **nicht** zu den im Stabilitäts- und Wachstumsgesetz verankerten Zielen?

(a) Soziale Gerechtigkeit

(b) Preisniveaustabilität

(c) Wirtschaftswachstum

(d) Vollbeschäftigung

(e) Außenwirtschaftliches Gleichgewicht

(f) Alle in den Alternativen (a) bis (e) genannten Ziele sind im Stabilitäts- und Wachstumsgesetz verankert.

Aufgabe 54

Wodurch lässt sich ein öffentliches Gut charakterisieren?

(a) Die Kosten des Ausschlusses sind niedrig und die Grenzkosten des Konsums eines zusätzlichen Nutzers sind gering.

(b) Die Kosten des Ausschlusses sind hoch und die marginalen Kosten eines zusätzlichen Nutzers sind gering.

(c) Die Kosten des Ausschlusses sind gering und die marginalen Kosten eines zusätzlichen Nutzers sind hoch.

(d) Die Kosten des Ausschlusses sind hoch und die marginalen Kosten eines zusätzlichen Nutzers sind hoch.

(e) Die Kosten des Ausschlusses und die marginalen Kosten des Konsums sind irrelevant.

(f) Keine der Alternativen (a) bis (e) ist richtig.

Aufgabe 55

In einer Volkswirtschaft wird technisches Wissen geschaffen, welches die Merkmale eines reinen öffentlichen Gutes aufweist. Es wird von allen Unternehmen in der Güterproduktion als Inputfaktor eingesetzt.

Welche der nachfolgenden Aussagen trifft dann **nicht** zu?

(a) Das technische Wissen kann von allen Unternehmen gleichzeitig als Inputfaktor genutzt werden.

(b) Kein Unternehmen kann von der Nutzung des technischen Wissens ausgeschlossen werden.

(c) Der Inputfaktor technisches Wissen muss vom Staat zur Verfügung gestellt werden, da kein Privatunternehmen dieses anbieten wird.

(d) Private Unternehmen müssen für den Inputfaktor technisches Wissen einen Preis bezahlen, der sich durch Angebot und Nachfrage bestimmt.

(e) Die Kosten für die Bereitstellung des Inputfaktors technisches Wissen werden voraussichtlich in erster Linie über Steuern gedeckt.

(f) Alle Aussagen (a) bis (e) treffen zu.

Aufgabe 56

Prüfen Sie die Richtigkeit der nachfolgenden Aussagen (1) bis (3) zu den Wirkungen negativer externer Effekte.

(1) Sie können zu Fehlallokationen von Produktionsfaktoren und zu Ineffizienzen auf einem Markt führen.

(2) Sie können zu Kosten führen, die von der Allgemeinheit getragen werden.

(3) Sie können zu Wirkungen führen, die über den Markt entschädigt oder abgegolten werden.

(a) Nur Aussage (3) ist richtig.

(b) Nur die Aussagen (1) und (3) sind richtig.

(c) Nur die Aussagen (2) und (3) sind richtig

(d) Nur die Aussagen (1) und (2) sind richtig.

(e) Alle Aussagen (1) bis (3) sind richtig.

(f) Keine der Aussagen (1) bis (3) ist richtig.

Aufgabe 57

Gegeben ist eine Volkswirtschaft mit vollkommener Konkurrenz. Die Güterproduktion in der Volkswirtschaft führt zu Luftverschmutzung, die die im Privatbesitz befindlichen Wälder nachhaltig schädigt. Die Waldbesitzer werden dafür jedoch nicht entschädigt.

Prüfen Sie aus ökonomischer Sicht die Richtigkeit der nachfolgenden Aussagen (1) bis (4).

(1) Die Luftverschmutzung wird als negativer externer Effekt bezeichnet.

(2) Die Luftverschmutzung wird als positiver externer Effekt bezeichnet.

(3) Da in der Volkswirtschaft vollkommene Konkurrenz herrscht, ergibt sich eine pareto-optimale Situation.

(4) Die Luftverschmutzung bewirkt, dass das Marktergebnis eine ineffiziente Allokation der Ressourcen liefert.

(a) Nur Aussage (1) ist richtig.

(b) Nur Aussage (2) ist richtig.

(c) Nur Aussage (3) ist richtig.

(d) Nur Aussage (4) ist richtig.

(e) Nur die Aussagen (1) und (4) sind richtig.

(f) Nur die Aussagen (1), (3) und (4) sind richtig.

(g) Keine der Aussagen (a) bis (f) ist richtig.

Aufgabe 58

Bitte prüfen Sie die folgenden Aussagen (1) bis (4) zu externen Effekten auf ihre Richtigkeit.

(1) In einer Volkwirtschaft können positive wie auch negative externe Effekte auftreten.

(2) Externe Effekte führen immer zu einem ineffizienten Marktergebnis.

(3) Zur Internalisierung von externen Effekten kann die Einführung von Steuern ein geeignetes Mittel darstellen.

(4) Externe Effekte können sowohl in der Güterproduktion als auch im Konsum entstehen.

(a) Nur Aussage (2) ist falsch, alle anderen Aussagen sind richtig.

(b) Nur Aussage (3) ist falsch, alle anderen Aussagen sind richtig.

(c) Nur die Aussagen (1) und (4) sind richtig.

(d) Alle Aussagen (1) bis (4) sind richtig.

(e) Alle Aussagen (1) bis (4) sind falsch.

Aufgabe 59

Welches der folgenden Ziele wird **nicht** mit der Internalisierung externer Effekte verfolgt?

(a) Die Bereinigung von Preisverzerrungen.

(b) Die Erhöhung der sozialen Wohlfahrt.

(c) Der Verzicht auf die Einführung von Steuern und Subventionen.

(d) Die Erfassung von Leistungen, die bislang nicht über den Markt bewertet werden.

(e) Keine der Alternativen (a) bis (d) ist richtig.

Aufgabe 60

Welche der folgenden Aussagen über die Einkommensverteilung und über den Gini-Koeffizienten ist **unzutreffend**?

(a) Je größer der Gini-Koeffizient, desto ungleichmäßiger ist die Einkommensverteilung in einer Volkswirtschaft.

(b) Der Berechnung des Gini-Koeffizienten liegt eine personale Einkommensverteilung zugrunde.

(c) Falls sich die Lorenzkurven zweier Länder nicht schneiden, kann auch keine Aussage über das Kriterium der Lorenzdominanz gemacht werden.

(d) Der Gini-Koeffizient gibt an, inwieweit die personale Einkommensverteilung in einer Volkswirtschaft von der Gleichverteilung der Einkommen abweicht.

(e) Selbst im Falle einer extrem ungleichmäßigen Einkommensverteilung nimmt der Gini-Koeffizient einen positiven Wert an.

(f) Keine der Aussagen (a) bis (e) ist unzutreffend.

Aufgabe 61

Nehmen Sie an, in einer wissenschaftlichen Studie wurden die Lorenzkurven für Spanien und Frankreich ermittelt. Das Ergebnis ist in nachfolgender Abbildung 6 visualisiert, wobei $L(p)_{FRA}$ die Lorenzkurve für Frankreich ist und $L(p)_{SPA}$ die Lorenzkurve für Spanien darstellt.

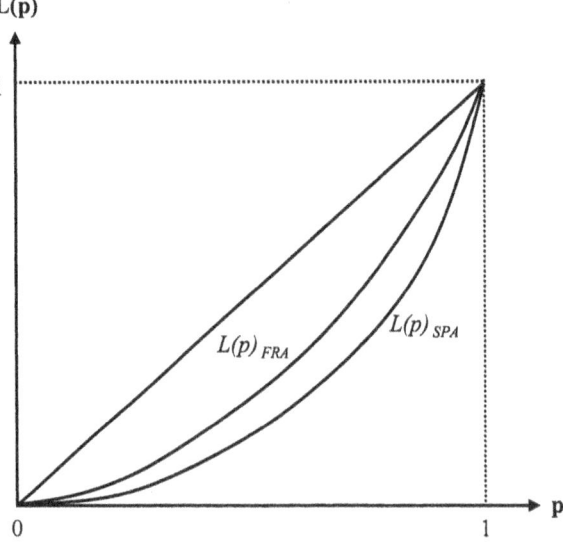

Abbildung 6

Welche der folgenden Aussagen zu dieser Abbildung ist **unzutreffend**?

(a) Der Gini-Koeffizient für Spanien ist größer als für Frankreich.

(b) Die Einkommensverteilung in Frankreich ist gleichmäßiger als in Spanien.

(c) Es liegt eine Lorenzdominanz von Spanien gegenüber Frankreich vor.

(d) Es kann eine eindeutige Aussage darüber getroffen werden, in welchem Land die Verteilung der Einkommen gleichmäßiger ist.

(e) Der Gini-Koeffizient für beide Länder ist positiv.

(f) Keine der Aussagen (a) bis (e) ist unzutreffend.

Aufgabe 62

Es liegt eine gewöhnliche, d. h. konvex verlaufende Lorenzkurve vor. Dabei gilt folgende Beziehung: $\int_0^1 L(p) = 1/8$

Die kumulierten Einkommensbezieher werden mit p bezeichnet (1 entspricht 100%), $L(p)$ ist die Lorenzkurve als Funktion von p.

Welchen Wert hat der Gini-Koeffizient?

(a) 7/8

(b) 6/13

(c) 3/16

(d) 5/8

(e) 3/4

(f) Keine der Alternativen (a) bis (e) ist richtig.

Aufgabe 63

Für Entenhausen ist folgende Einkommensliste bekannt:

Name	Einkommen
Dagobert Duck	100.000
Mickey Mouse	70.000
Donald Duck	40.000
Panzerknacker	35.000

Für Universitätsland liegt folgende Einkommensverteilung vor:

Name	Einkommen
Professor Longhair	110.000
Dr. Schwafel	70.000
Emma Sekretär	40.000
Albert Studius	30.000

Für welches Gebiet ist der Gini-Koeffizient größer?

(a) Der Gini-Koeffizient für Entenhausen ist größer als der für Universitätsland.

(b) Der Gini-Koeffizient für Universitätsland ist größer als der für Entenhausen.

(c) Die beiden Gini-Koeffizienten haben den gleichen Wert.

(d) Mit diesen Angaben können die Gini-Koeffizienten für Entenhausen und Universitätsland nicht berechnet werden.

(e) Die Stadt Entenhausen kann nicht mit Universitätsland verglichen werden.

(f) Keine der Alternativen (a) bis (e) ist richtig.

Aufgabe 64

Wann kann aus wohlfahrtstheoretischer Sicht von Staatsversagen gesprochen werden?

(a) Wenn in einem bestimmten Zeitraum die Staatsausgaben die Staatseinnahmen übersteigen.

(b) Wenn die Bereitstellung öffentlicher Güter nicht paretoeffizient erfolgt.

(c) Wenn die Steuerbelastung innerhalb eines Zeitraums kontinuierlich zunimmt.

(d) Wenn die Regierung die zu Beginn einer Legislaturperiode ausgegebenen Ziele verfehlt.

(e) Keine der Alternativen (a) bis (d) ist richtig.

Aufgabe 65

Welcher Zusammenhang besteht in einer Volkswirtschaft mit Staatssektor zwischen der primären und der sekundären Einkommensverteilung?

(a) Die sekundäre Einkommensverteilung entsteht dadurch, dass der Staat bei der zunächst vorliegenden primären Verteilung der Einkommen Umverteilungsmaßnahmen (wie z.B. die Besteuerung von Einkommen) vornimmt.

(b) Die primäre Einkommensverteilung gibt Auskunft über die höheren Einkommensklassen, während die sekundäre Einkommensverteilung lediglich die unteren Einkommensklassen der Erwerbsbevölkerung statistisch erfasst.

(c) Die primäre Einkommensverteilung ist eine Zusammenfassung aller Einkommen, die im primären Sektor einer Volkswirtschaft innerhalb eines Jahres erwirtschaftet werden, und die sekundäre Einkommensverteilung bezieht sich ausschließlich auf die Einkommen im industriellen Sektor eines Landes.

(d) Keine der Alternativen (a) bis (c) ist richtig.

5. Methodische Fragen

Aufgabe 66

Prüfen Sie die nachfolgenden Aussagen (1) bis (5) auf ihre Richtigkeit.

(1) In einem Modell werden nur wenige, als wichtig erachtete Beziehungen zwischen ökonomischen Größen berücksichtigt.

(2) Ein Modell ist wertlos, wenn es nicht alle Details enthält, die in der Wirklichkeit existieren.

(3) Ein Modell hat nichts mit der Wirklichkeit zu tun.

(4) In der Volkswirtschaft trifft man nur verbale Modelle an.

(5) Modellergebnisse sind nicht nur im Rahmen des Modells gültig, sondern stets auf jede reale ökonomische Situation zu übertragen.

(a) Nur Aussage (1) trifft zu.

(b) Nur Aussage (2) trifft zu.

(c) Nur Aussage (3) trifft zu.

(d) Nur Aussage (4) trifft zu.

(e) Nur Aussage (5) trifft zu.

(f) Nur die Aussagen (1) und (4) treffen zu.

(g) Nur die Aussagen (1), (4) und (5) treffen zu

(h) Alle Aussagen (1) bis (5) treffen zu.

(i) Keine der Aussagen (1) bis (5) trifft zu.

Aufgabe 67

Welche der folgenden Aussagen ist zutreffend?

(a) Ein ökonomisches Modell wird grundsätzlich nicht in verbaler Form dargestellt.

(b) Ein ökonomisches Modell hält für alle wirtschaftlich relevanten Lebenslagen eine eindeutige, optimale Lösung parat.

(c) Ein ökonomisches Modell ist ein vereinfachtes Abbild der Realität.

(d) Die Darstellung des Wirtschaftskreislaufes einer geschlossenen Volkswirtschaft ohne Staat stellt aufgrund seiner übersimplifizierenden Beschreibung kein ökonomisches Modell dar.

(e) Die Analyse eines Modells mit Hilfe der ceteris-paribus-Klausel beinhaltet die simultane Variation aller Variablen und die sich daraus ergebenden Konsequenzen.

(f) Keine der Aussagen (a) bis (e) ist zutreffend.

Aufgabe 68

Eine Theorie sollte nach den Kriterien des Kritischen Rationalismus...

(a) ...falsifizierbar sein.

(b) ...falsch sein.

(c) ...mathematische Gleichungen enthalten.

(d) Keine der Alternativen (a) bis (c) ist richtig.

Aufgabe 69

Eine Annahme ist stets...

(a) ...eine Definition oder eine Hypothese.

(b) ...eine Definition.

(c) ...eine Hypothese.

(d) Keine der Alternativen (a) bis (c) ist richtig.

Aufgabe 70

Eine Theorie kann...

(a) ...nur durch Deduktion entwickelt werden.

(b) ...nur durch Induktion entwickelt werden.

(c) ...nur experimentell entwickelt werden.

(d) Keine der Alternativen (a) bis (c) ist richtig.

Aufgabe 71

In der volkswirtschaftlichen Theorie ist die Methode der komparativen Statik ein wichtiges Instrumentarium.

Welche der nachfolgenden Aussagen liefern eine richtige Beschreibung zur Vorgehensweise der komparativen Statik?

(1) Es wird untersucht, wie sich die endogenen Variablen eines Modells verändern, wenn die Werte von exogenen Variablen variiert werden.

(2) Es wird untersucht, ob ein statisches Modell auch in ein dynamisches überführt werden kann, wenn einige der verwendeten Parameter variiert werden.

(3) Zunächst werden alternative Situationen erzeugt, indem die Parameterwerte variiert werden. Im nächsten Schritt werden dann die verschiedenen Modellergebnisse miteinander verglichen.

(4) Es wird die Wirkung auf exogene Variablen untersucht, indem man die endogenen Variablen des zugrundeliegenden Modells von außen verändert.

(a) Nur die Aussagen (1) und (3) treffen zu.

(b) Nur die Aussagen (2) und (4) treffen zu.

(c) Nur die Aussagen (1), (3) und (4) treffen zu.

(d) Alle Aussagen (1) bis (4) treffen zu.

(e) Keine der Aussagen (1) bis (4) trifft zu.

Aufgabe 72

Sowohl die Deduktions- als auch die Induktionsmethode werden in der volkswirtschaftlichen Theoriebildung eingesetzt.

Welche der folgenden Aussagen zu diesen beiden Methoden ist zutreffend?

(a) Die Widerspruchsfreiheit einer Theorie kann geprüft werden, indem man untersucht, inwieweit sich die Modellergebnisse auf reale Gegebenheiten übertragen lassen.

I. Grundlagen

(b) Induktion bedeutet, dass in der Realität beobachtete Phänomene exakt in das Modell aufgenommen werden, während die vollständige Übertragbarkeit von theoretischen Resultaten auf die Wirklichkeit als Deduktion bezeichnet wird.

(c) Unter Deduktion versteht man die logische Ableitung von Sätzen aus den im Modell getroffenen Annahmen, während die Ableitung von allgemeinen Aussagen auf der Basis spezieller Erkenntnisse als Induktion bezeichnet wird.

(d) Bei der Induktion von Hypothesen des Modells auf generelle Zusammenhänge darf keine statistische Schätzung vorgenommen werden, sondern die theoretischen Ergebnisse sind direkt auf die Wirklichkeit zu übertragen.

(e) Keine der Aussagen (a) bis (d) ist zutreffend.

Aufgabe 73

Worin besteht der Unterschied zwischen Mikro- und Makroökonomie?

(a) Die ökonomischen Aktivitäten der kleinsten Wirtschaftssubjekte und deren Zusammenspiel auf den Märkten wird in der Mikroökonomie untersucht, während die Makroökonomie die volkswirtschaftlichen Aggregate und die Interdependenzen zwischen ihnen analysiert.

(b) Die Mikroökonomie beschränkt sich auf die Analyse grundlegender ökonomischer Zusammenhänge, während in der Makroökonomie eine wesentlich ausführlichere Analyse vorgenommen wird.

(c) Zwar sind die Untersuchungsgegenstände in der Mikro- und Makroökonomie identisch, jedoch erfolgt eine empirische Überprüfung der theoretischen Erkenntnisse ausschließlich in der Makroökonomie.

(d) Der Unterschied zwischen Mikro- und Makroökonomie besteht im Umfang der zu analysierenden Marktteilnehmer, d.h. kleine Datensätze werden lediglich in der Mikroökonomie untersucht.

(e) Keine der Alternativen (a) bis (d) ist richtig.

Teil II:

Mikroökonomische Theorie

Bearbeitungshinweis: Bei jeder Aufgabe ist eine der Antwortalternativen richtig.

6. Konsum und Nachfrage

Aufgabe 1

Wie viele ordinale Nutzenfunktionen gibt es zu einer Präferenzordnung R?

(a) genau eine

(b) höchstens zwei

(c) unendlich viele

(d) endlich viele

(e) keine

Aufgabe 2

Welche Eigenschaften muss eine Menge von Konsumgüterbündeln erfüllen, damit sie durch eine Nutzenfunktion repräsentierbar ist?

(a) Vollständigkeit und Antisymmetrie

(b) Transitivität und Symmetrie

(c) Reflexivität und Symmetrie

(d) Transitivität, Vollständigkeit und Symmetrie

(e) Vollständigkeit, Transitivität und Reflexivität

(f) Antisymmetrie, Vollständigkeit und Reflexivität

(g) Keine der Alternativen (a) bis (f) ist richtig.

Aufgabe 3

A = {w,x,y,z} ist eine Menge alternativer Konsumgüterbündel und

R = {(x,x), (x,y), (y,y), (y,z), (w,w), (x,z), (z,y), (z,z)} ist eine Präferenz auf A.

Die Präferenz R ist...

(a)   ...reflexiv.

(b)   ...transitiv.

(c)   ...vollständig.

(d)   ...eine schwache Ordnung.

(e)   ...weder vollständig noch transitiv.

(f)   ...reflexiv und transitiv.

(g)   Keine der Alternativen (a) bis (f) ist richtig.

Aufgabe 4

Es sind die folgenden vier Güterbündel x^0, x^1, x^2, x^3 gegeben:

$x^0 = (x_1^0; x_2^0) = (4; 4)$

$x^1 = (x_1^1; x_2^1) = (4; 5)$

$x^2 = (x_1^2; x_2^2) = (6; 3)$

$x^3 = (x_1^3; x_2^3) = (2; 7)$

Welche Rangordnung dieser Güterbündel wird durch die Nutzenfunktion $u = x_1 \cdot x_2$ repräsentiert?

Hinweis: Das Symbol ">" hat die Bedeutung "echt besser als".

(a) $x^1 > x^2 > x^3 > x^0$

(b) $x^0 > x^3 > x^1 > x^2$

(c) $x^3 > x^1 > x^0 > x^2$

(d) $x^2 > x^0 > x^1 > x^3$

(e) $x^1 > x^2 > x^0 > x^3$

(f)   Keine der Alternativen (a) bis (e) ist richtig.

Aufgabe 5

Was besagt eine in allen Argumenten streng monoton wachsende Nutzenfunktion?

(a) Der Konsument hat mindestens einen Sättigungspunkt.

(b) Der Konsument verfügt über ein hohes Einkommen.

(c) Der Nutzen des Konsumenten steigt, wenn andere Konsumenten mehr konsumieren können.

(d) Der Nutzen des Konsumenten steigt, wenn von einem Gut mehr und von allen anderen Gütern jedenfalls nicht weniger zur Verfügung steht.

(e) Alle Alternativen (a) bis (d) sind richtig.

Aufgabe 6

Welche der nachfolgenden Aussagen zu dem Nutzengebirge, das in nachfolgender Abbildung 7 dargestellt ist, trifft **nicht** zu?

Hinweis: u gibt den Nutzen als Funktion der beiden Güter x_1 und x_2 an.

(a) Das Güterbündel $(x_1; x_2) = (0; x_2^*)$ stiftet einen streng positiven Nutzen.

(b) Es liegen für den Bereich $x_1 \in [0; x_1^*]$ und $x_2 \in [0; x_2^*]$ abnehmende Grenznutzen vor.

(c) Der Nutzen ist eine stetige Funktion der Güter x_1 und x_2 für $x_1 \in [0; x_1^*]$ und $x_2 \in [0; x_2^*]$.

(d) Die sich aus diesem Nutzengebirge ergebenden Indifferenzkurven sind zum Ursprung hin konvex.

(e) Das Güterbündel $(x_1^*; x_2^*)$ liefert einen größeren Nutzen als das Güterbündel $(0; x_2^*)$.

(f) Das Güterbündel $(x_1; x_2) = (0; 0)$ stiftet keinen Nutzen, d.h. $u(0; 0) = 0$.

(g) Alle Aussagen (a) bis (f) treffen zu.

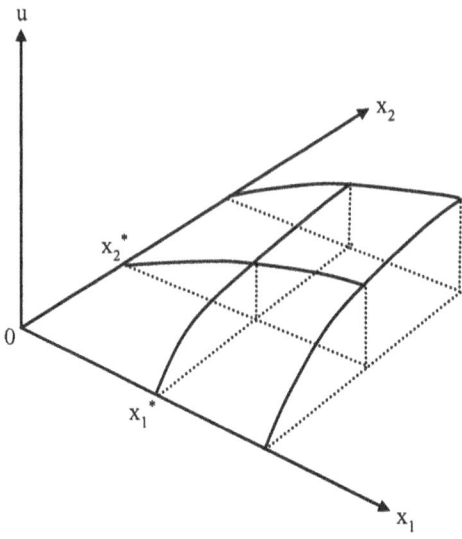

Abbildung 7

Aufgabe 7

Was gibt die Indifferenzkurve eines Konsumenten an?

(a) Die Indifferenzkurve gibt an, welche Menge ein Konsument mit seinem Einkommen von Gut x zusätzlich kaufen kann, wenn er auf eine Einheit von Gut y verzichtet.

(b) Die Indifferenzkurve gibt an, ob ein Gut x in der Präferenzordnung des Konsumenten höher bewertet wird als ein Gut y.

(c) Durch die Indifferenzkurve wird verdeutlicht, dass die Nutzenfunktion des Konsumenten streng monoton steigt.

(d) Die Indifferenzkurve gibt an, welche Güterbündel dem Konsumenten den gleichen Nutzen bringen.

(e) Keine der Alternativen (a) bis (d) ist richtig.

Aufgabe 8

Wodurch werden Lage und Form der Indifferenzkurven eines Konsumenten bestimmt?

(a) Durch die Präferenzen und die Höhe des Einkommens des Konsumenten.

(b) Nur durch die Preise der Güter.

(c) Durch die Präferenzen, die Höhe des Einkommens und die Preise der Güter.

(d) Durch die Preise der Güter und die Höhe des Einkommens.

(e) Nur durch die Präferenzen.

(f) Keine der Alternativen (a) bis (e) ist richtig.

Aufgabe 9

Ein Konsument besitzt für ein Güterpaar Indifferenzkurven, die zum Ursprung hin streng konkav verlaufen.

Welche der folgenden Aussagen ist dann zutreffend?

(a) Das Gesetz der abnehmenden Grenzrate der Substitution ist dennoch erfüllt.

(b) Ein solcher Verlauf der Indifferenzkurven ist nicht möglich.

(c) Es existiert kein Nutzenoptimum.

(d) Die Nutzenfunktion muss konstante Nutzenzuwächse haben.

(e) Keine der Aussagen (a) bis (d) ist zutreffend.

Aufgabe 10

Gegeben ist die Nutzenfunktion $u = x_1^{1/2} \cdot x_2^{1/2}$.

Berechnen Sie den Grenznutzen des Gutes 1 an der Stelle $x_2 = 4$ und wählen Sie aus den nachfolgenden Alternativen die richtige aus.

(a) Ohne Angabe eines Wertes für x_1 kann die Aufgabe nicht gelöst werden.

(b) $x_1^{-0,5}$

(c) $x_1^{0,5}$

(d) $0{,}5 \cdot x_1^{-0{,}5}$

(e) $4 \cdot x_1$

(f) Keine der Alternativen (a) bis (e) ist richtig.

Aufgabe 11

Berechnen Sie die Indifferenzkurve für die Nutzenfunktion aus der vorherigen Aufgabe 10 für das Nutzenniveau u = 4 und wählen Sie die richtige Antwortalternative aus.

(a) $x_2 = 16 \cdot x_1$

(b) $x_1 = 16 \cdot x_2$

(c) $x_2 = 4/x_1$

(d) $x_1 = 4/x_2$

(e) $x_2 = 16/x_1$

(f) Keine der Alternativen (a) bis (e) ist richtig.

Aufgabe 12

Berechnen Sie für die Nutzenfunktion aus Aufgabe 10 die Grenzrate der Substitution zwischen Gut 1 und 2 für das Nutzenniveau u = 4 und wählen Sie die richtige Antwortalternative aus.

(a) $dx_2/dx_1 = 16/x_1$

(b) $dx_2/dx_1 = -16/x_1^2$

(c) $dx_2/dx_1 = -4/x_1^2$

(d) $dx_2/dx_1 = 4/x_1$

(e) $dx_2/dx_1 = -16 \cdot x_1^2$

(f) $dx_2/dx_1 = -4 \cdot x_1^2$

(g) Keine der Alternativen (a) bis (f) ist richtig.

Aufgabe 13

Welche der folgenden Aussagen zur Budgetrestriktion ist zutreffend?

(a) Die Budgetrestriktion verändert sich nicht, wenn die Preise beider Güter um den gleichen Faktor steigen.

(b) Die Budgetrestriktion ist eine lineare Funktion, deren Steigung durch das gesamtwirtschaftliche Preisniveau gegeben ist.

(c) Die Budgetrestriktion verschiebt sich vom Ursprung weg, wenn der Konsument das Gut 1 durch das Gut 2 substituiert.

(d) Die Budgetrestriktion bestimmt die Menge der Konsumgüterbündel, die ein Konsument mit seinem Einkommen kaufen kann.

(e) Die Budgetrestriktion gibt die Konsumgüterbündel an, die in einer Volkswirtschaft maximal produziert werden können.

(f) Keine der Aussagen (a) bis (e) zur Budgetrestriktion ist zutreffend.

Aufgabe 14

Welche der nachfolgenden Aussagen zur Konsumtheorie ist **unzutreffend**?

(a) Jeder Punkt auf einer Indifferenzkurve repräsentiert eine unterschiedliche Kombination zweier Güter.

(b) Jeder Punkt auf der Budgetgeraden repräsentiert eine bestimmte Kombination zweier Güter.

(c) Alle Konsumgüterbündel auf einer Indifferenzkurve repräsentieren den maximalen Nutzen.

(d) Alle Güterbündel auf der Budgetgeraden kann man mit dem gleichen Einkommen kaufen.

(e) Im Nutzenmaximum wird das gesamte Budget für Konsumgüterkäufe ausgegeben.

(f) Keine der Aussagen (a) bis (e) ist unzutreffend.

Aufgabe 15

Wie lässt sich das optimale Konsumgüterbündel bestimmen?

(a) Der Konsument wählt das Güterbündel auf der Budgetgeraden, das den höchsten monetären Wert hat.

(b) Der Konsument wählt das Güterbündel auf der Budgetgeraden, bei dem die Transformationsrate gleich dem Preisverhältnis der Güter ist.

(c) Der Konsument bewegt sich auf der Budgetgeraden, bis der zusätzliche Nutzen des einen Gutes genauso groß ist wie der zusätzliche Nutzen des anderen Gutes.

(d) Der Konsument wählt die Indifferenzkurve mit dem höchsten Einkommen.

(e) Durch den Schnittpunkt von Angebots- und Nachfragefunktion.

(f) Keine der Alternativen (a) bis (e) ist richtig.

Aufgabe 16

In welchem Fall verschiebt sich die individuelle Nachfragefunktion nach einem Gut in Abhängigkeit vom Preis des Gutes **nicht**?

(a) Wenn sich der Preis des Gutes ändert.

(b) Wenn sich die Preise anderer Güter ändern.

(c) Wenn das Einkommen des Konsumenten steigt.

(d) Wenn sich die Präferenzen des Konsumenten ändern.

(e) Keine der Alternativen (a) bis (d) ist richtig.

Aufgabe 17

Es herrscht eine Situation, wie sie in nachfolgender Abbildung 8 gezeigt wird.

Mit x_1 und x_2 sind die Gütermengen bezeichnet. S_1 und S_2 stellen zwei Budgetgeraden dar, wobei S_1 die ursprüngliche Budgetgerade ist. Mit i↑ bzw. i↓ ($i = p_1, p_2, y$) sei angedeutet, dass die jeweilige Variable steigt bzw. sinkt. Ferner gibt D_i ($i = p_1, p_2, y$) die Differenz der Variablen zwischen Situation 1 und Situation 2 an (p_j: Preis von Gut j mit $j = 1, 2$; y: Einkommen).

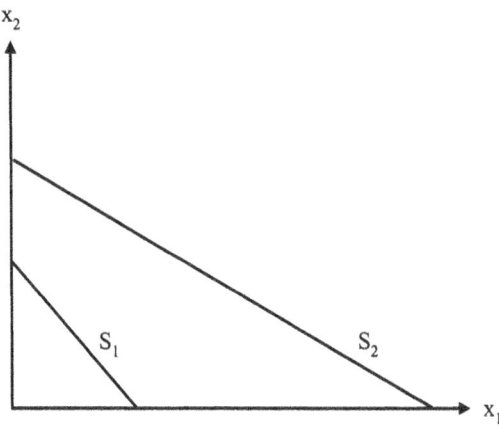

Abbildung 8

Durch welche der folgenden Veränderungen kann eine Verschiebung der Budgetgerade von S_1 nach S_2 ausgelöst werden?

(1) $p_2\uparrow$, $y\uparrow$ mit $D_y > D_{p2}$, p_1 = const.

(2) $p_2\downarrow$, $y\downarrow$ mit $D_y < D_{p2}$, p_1 = const.

(3) $p_1\uparrow$, $y\uparrow$, p_2 = const.

(4) $p_1\downarrow$, $y\downarrow$, p_2 = const.

(5) $p_1\uparrow$, $p_2\uparrow$, mit $D_{p1} < D_{p2}$, y = const.

(a) Nur Alternative (1) ist richtig.

(b) Nur Alternative (2) ist richtig.

(c) Nur Alternative (3) ist richtig.

(d) Nur Alternative (4) ist richtig.

(e) Nur Alternative (5) ist richtig.

(f) Nur die Alternativen (2) und (4) sind richtig.

(g) Nur die Alternativen (2), (3) und (5) sind richtig.

(h) Keine der Alternativen (1) bis (5) ist richtig.

Aufgabe 18

Ein Haushalt mit der Nutzenfunktion $U = x_1^{0,5} \cdot x_2^{0,5}$ hat den optimalen Verbrauchsplan $x_1^* = 60$ und $x_2^* = 60$.

Welchen Wert hat das relative Preisverhältnis p_1/p_2?

(a) 0,3

(b) 0,5

(c) 1

(d) 1,2

(e) 1,5

(f) Keine der Alternativen (a) bis (e) ist richtig.

Aufgabe 19

Die Menge von Gut 1 ist x_1 und jene von Gut 2 ist x_2. Der Nutzen eines Konsumenten für $x_1, x_2 \geq 0$ kann durch die Nutzenfunktion $U(x_1,x_2) = (x_1 \cdot x_2)^{0,5}$ beschrieben werden. Weiter sind $p_1 = 5$ der Preis von Gut 1, $p_2 = 5$ der Preis von Gut 2 und $Y = 50$ das Einkommen des Konsumenten.

Wie groß ist die nutzenoptimale Menge von Gut 1?

(a) 0

(b) 2,5

(c) 5

(d) 7,5

(e) 10

(f) Keine der Alternativen (a) bis (e) ist richtig.

Aufgabe 20

Es liegt nochmals die Situation von der vorherigen Aufgabe 19 vor.

Welchen Wert hat der maximale Nutzen?

(a)   0

(b)   2,5

(c)   5

(d)   7,5

(e)   10

(f)   Keine der Alternativen (a) bis (e) ist richtig.

Aufgabe 21

In nachfolgender Abbildung 9 sind x_1 und x_2 die beiden Güter, die ein Haushalt konsumieren kann. S stellt eine Indifferenzkurve dar. Der ursprüngliche Optimalpunkt zum Zeitpunkt t = 1 wird durch Punkt A repräsentiert, der neue Optimalpunkt zum Zeitpunkt t = 2 ist durch B gegeben.

(p_j^i: Preis von Gut j, j = 1, 2 zum Zeitpunkt i, i = 1, 2)

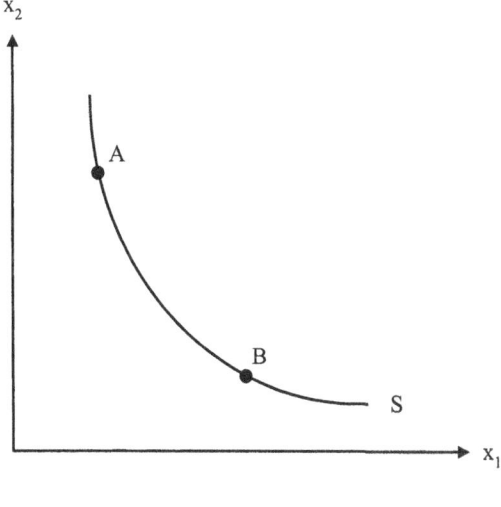

Abbildung 9

Welche der nachfolgenden Aussagen ist/sind dann richtig?

(1)   In Punkt B wird ein höheres Nutzenniveau erreicht als in Punkt A.

(2)   In Punkt B ist die nachgefragte Menge von x_1 größer als in Punkt A.

(3) In Punkt B ist die Grenzrate der Substitution ($-dx_2/dx_1$) kleiner als in Punkt A.

(4) In Punkt B entspricht die Grenzrate der Substitution ($-dx_2/dx_1$) dem Verhältnis p_1^2/p_2^2.

(5) In Punkt A entspricht die Grenzrate der Substitution ($-dx_2/dx_1$) dem Verhältnis p_2^1/p_1^1.

(a) Nur Aussage (1) ist richtig.

(b) Nur Aussage (2) ist richtig.

(c) Nur Aussage (3) ist richtig.

(d) Nur Aussage (4) ist richtig.

(e) Nur Aussage (5) ist richtig.

(f) Nur die Aussagen (2), (3) und (4) sind richtig.

(g) Nur die Aussagen (2), (3) und (5) sind richtig.

(h) Keine der Aussagen (1) bis (5) ist richtig.

Aufgabe 22

Ein Konsument maximiert seine Nutzenfunktion $u(x_1,x_2) = x_1^a \cdot x_2^b$, mit $a > 0$ und $b < 1$. Die Menge von Gut i (i = 1, 2) wird mit x_i bezeichnet. Für die Güterpreise gilt: $p_1 = p_2 = 1$. Das Einkommen y ist 10.

Für welche Werte der Parameter a und b wird von Gut 2 doppelt soviel nachgefragt wie von Gut 1?

(a) $a > b$

(b) $a = 10;\ b = 20$

(c) $a = b$

(d) $2 \cdot a = b$

(e) $2 \cdot b = a$

(f) Keine der Alternativen (a) bis (e) ist richtig.

Aufgabe 23

Ein Haushalt hat die Nutzenfunktion $U = (x_1 + 20) \cdot x_2$. Der Preis für Gut 1 beträgt $p_1 = 2$, jener von Gut 2 ist mit $p_2 = 1$ gegeben.

Berechnen Sie den optimalen Verbrauchsplan $(x_1^*; x_2^*)$, wenn das Einkommen des Haushalts 60 Geldeinheiten beträgt.

(a) $(x_1^*; x_2^*) = (5; 50)$

(b) $(x_1^*; x_2^*) = (50; 5)$

(c) $(x_1^*; x_2^*) = (25; 25)$

(d) $(x_1^*; x_2^*) = (10; 20)$

(e) $(x_1^*; x_2^*) = (25; 50)$

(f) Keine der vorgegebenen Lösungen (a) bis (e) ist richtig.

Aufgabe 24

Der optimale Verbrauchsplan eines Haushalts lautet $(x_1^*; x_2^*) = (0; y/p_2)$. Das Einkommen wird mit y bezeichnet und p_i ist der Preis von Gut i (es gilt: i = 1, 2).

Welche der nachfolgenden Aussagen trifft dann zu?

(a) Das Verbrauchsoptimum tritt nur bei der Verwendung von zum Ursprung hin streng konkaven Indifferenzkurven auf.

(b) Das Einkommen des Haushalts wird nicht vollständig ausgegeben.

(c) Das Verbrauchsoptimum ist nur bei vollständig substituierbaren Gütern möglich.

(d) Das Verbrauchsoptimum kann nur dann erreicht werden, wenn Gut 1 vollständig substituierbar ist.

(e) Keine der Aussagen (a) bis (d) trifft zu.

Aufgabe 25

Welche der nachstehenden Funktionen sind positiv monotone Transformationen $h = h(u)$ der ordinalen Nutzenfunktion $u = x_1^{0,5} \cdot x_2^{0,5}$?

(1) $h = 2 - \ln(u)$ (5) $h = \ln(u)$

(2) $h = 5 \cdot u - 2$ (6) $h = e^{-u}$

(3) $h = -u^3$ (7) $h = 8 - 5 \cdot u$

(4) $h = u^3 - 3$ (8) $h = u^2 + 4$

(a)   (1, 4, 7, 8)

(b)   (2, 4, 6, 8)

(c)   (2, 4, 5, 8)

(d)   (1, 3, 6, 7)

(e)   Keine der Alternativen (a) bis (d) ist richtig.

Aufgabe 26

Die ursprünglich vorliegende Nutzenfunktion eines Haushaltes $u = x_1^{0,5} \cdot x_2^{0,5}$ wird durch die monotone Transformation $h(u) = u^2$ in die neue Nutzenfunktion u_1 überführt.
Der optimale Verbrauchsplan sei gegeben durch $x_1 = x_2 = 5$ bei einem Einkommen von 10 und bei $p_1 = p_2 = 1$.
Welches Güterbündel beinhaltet dieser optimale Verbrauchsplan nach der Transformation?

(a) $(x_1; x_2) = (5; 5)^2 = (25; 25)$

(b) $(x_1; x_2) = (5; 5)^{1/2} = (5^{1/2}; 5^{1/2})$

(c) $(x_1; x_2) = (5; 5)$

(d) $(x_1; x_2) = k \cdot (5; 5)$, wobei $k > 0$

(e)   Keine der Alternativen (a) bis (d) ist richtig.

7. Produktion und Angebot

Aufgabe 27

Welche Determinanten des Güterangebots werden in der mikroökonomischen Theorie genannt?

(1) Der Güterpreis.

(2) Der Preis für den Produktionsfaktor Arbeit.

(3) Die Produktionstechnologie.

(4) Der erzielbare Gewinn.

(a) Alle vier genannten Determinanten des Angebots werden in der Mikroökonomik berücksichtigt.

(b) Nur die ersten beiden Punkte sind Determinanten des Angebots.

(c) Nur die beiden letztgenannten Punkte sind Determinanten des Angebots.

(d) Keiner der aufgeführten Punkte zählt zu den Determinanten des Angebots in der Mikroökonomik.

(e) Keine der Alternativen (a) bis (d) ist richtig.

Aufgabe 28

In der Produktionstheorie unterscheidet man üblicherweise zwischen limitationalen und substitutionalen Produktionsfunktionen.
Welche Aussage zu diesen beiden Arten von Produktionsfunktionen trifft **nicht** zu?

(a) Bei limitationalen Produktionsfunktionen kann ein bestimmtes Outputniveau mit vielen verschiedenen Kombinationen der Produktionsfaktoren erzeugt werden.

(b) Bei substitutionalen Produktionsfunktionen lassen sich die Produktionsfaktoren austauschen, wenn ein bestimmtes Outputniveau erzeugt werden soll.

(c) Die Isoquanten von substitutionalen Produktionsfunktionen verlaufen konvex zum Ursprung eines Koordinatensystems, in dem die Menge der Einsatzfaktoren an den Achsen gemessen wird.

(d) Limitationale Produktionsfunktionen verlaufen linear, denn ein vorgegebener Output kann nur mit einer einzigen Kombination der Einsatzfaktoren erzeugt werden.

(e) Keine der Aussagen (a) bis (d) ist unzutreffend.

Aufgabe 29

Eine Produktionsfunktion gibt den Zusammenhang zwischen dem Output und den beiden Einsatzfaktoren v_1 und v_2 an.

Was ist unter der „Grenzproduktivität des Faktors 1" zu verstehen?

(a) Genau diejenige Ausbringungsmenge, bei der die Produktivität des Faktors v_1 am höchsten ist.

(b) Die maximal verfügbare Menge des Produktionsfaktors v_1, welche von den vorhandenen Ressourcen der Volkswirtschaft abhängt.

(c) Die Änderung der Herstellungsmenge, wenn der Einsatz beider Produktionsfaktoren um ein Prozent erhöht wird.

(d) Die Änderung der Herstellungsmenge, wenn von Faktor v_1 eine Einheit mehr eingesetzt wird und gleichzeitig die Einsatzmenge von Faktor v_2 konstant bleibt.

(e) Keine der Alternativen (a) bis (d) ist richtig.

Aufgabe 30

Was implizieren konstante Skalenerträge bei einer Produktionsfunktion mit *einem* Inputfaktor?

(a) Die produzierte Menge steigt bei Erhöhung der Einsatzmenge des Produktionsfaktors überproportional an.

(b) Bei Verringerung der Einsatzmenge des Produktionsfaktors um einen bestimmten Prozentsatz nimmt die produzierte Menge um den gleichen Prozentsatz ab.

(c) Die produzierte Menge steigt bei Erhöhung der Einsatzmenge des Produktionsfaktors unterproportional an.

(d) Die produzierte Menge steigt bei Verringerung der Einsatzmenge des Produktionsfaktors um einen bestimmten Prozentsatz überproportional an.

(e) Die produzierte Menge steigt bei Verringerung der Einsatzmenge des Produktionsfaktors um einen bestimmten Prozentsatz unterproportional an.

(f) Keine der Alternativen (a) bis (e) ist richtig.

Aufgabe 31

Die homogene Produktionsfunktion des Gutes x mit dem Produktionsfaktor v_1 lautet: $x = f(v_1)$. Bezüglich des Homogenitätsgrades gilt: $f(\lambda \cdot v_1) = \lambda^r \cdot f(v_1)$, wobei $\lambda > 0$ und $r > 1$.

Welche der in Abbildung 10 dargestellten Produktionsfunktionen beschreibt diese Funktion?

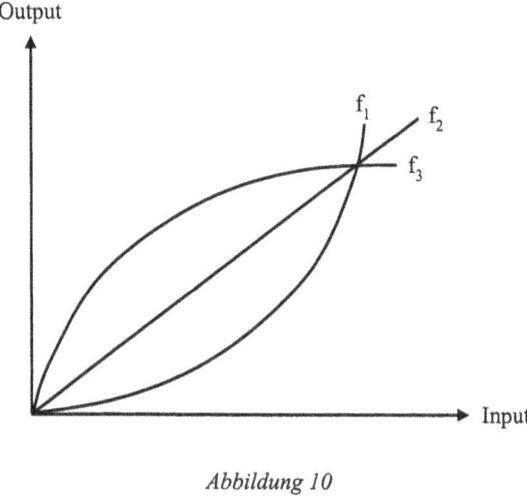

Abbildung 10

(a) Keine der abgebildeten Produktionsfunktionen beschreibt die Produktion von x, die durch einen ertragsgesetzlichen Verlauf gekennzeichnet ist.

(b) Die Produktion von x wird durch die Kurve f_1, die eine Produktionsfunktion mit steigenden Skalenerträgen darstellt, beschrieben.

(c) Die Produktion von x wird durch die Kurve f_2, die eine Produktionsfunktion mit konstanten Skalenerträgen darstellt, beschrieben.

(d) Die Produktion von x wird durch die Kurve f_3, die eine Produktionsfunktion mit sinkenden Skalenerträgen darstellt, beschrieben.

(e) Die Produktion von x wird durch die Kurve f_3, die eine Produktionsfunktion mit steigenden Skalenerträgen darstellt, beschrieben.

(f) Keine der Alternativen (a) bis (e) ist richtig.

Aufgabe 32

Ein Unternehmen wendet eine linear-limitationale Produktionstechnologie an und möchte wissen, welche Art von Skalenerträgen vorliegt.

(a) Es liegen zunehmende Skalenerträge in der Produktion vor.

(b) Es liegen abnehmende Skalenerträge in der Produktion vor.

(c) Es liegen konstante Skalenerträge in der Produktion vor.

(d) Falls die Outputmenge gering ist, liegen steigende Skalenerträge vor, während es bei großen Produktionsmengen zu fallenden Skalenerträgen kommt.

(e) Allein durch die Angabe der Produktionstechnologie kann keine Aussage über die Art der Skalenerträge getroffen werden.

(f) Keine der Alternativen (a) bis (e) ist richtig.

Aufgabe 33

Die Produktionsfunktion lautet $x = \beta \cdot v^{\alpha}$, mit dem Output x und dem Produktionsfaktor v.

Welche Werte von ß sind ökonomisch **nicht** zugelassen, falls für alle $v > 0$ und beliebige α ein positiver Output produziert werden soll?

(a) $0 < \alpha < \beta$

(b) $\beta < 0$

(c) $\beta > 0$

(d) $\beta \geq 1$

(e) Der zulässige Bereich für den Parameter ß ist unbeschränkt.

(f) Keine der Alternativen (a) bis (e) ist richtig.

Aufgabe 34

Für welche Werte von α erfüllt die Produktionsfunktion in der vorhergehenden Aufgabe das Ertragsgesetz (unter Beachtung zulässiger Werte für ß)?

(a) $\alpha < 0$

(b) $\alpha > 0$

(c) $0 < \alpha < 1$

(d) $\alpha > 1$

(e) $\alpha \neq 1$

(f) Keine der Alternativen (a) bis (e) ist richtig.

Aufgabe 35

Die folgende Abbildung 11 zeigt die Kostenfunktion eines Unternehmens in Abhängigkeit von der Produktionsmenge.

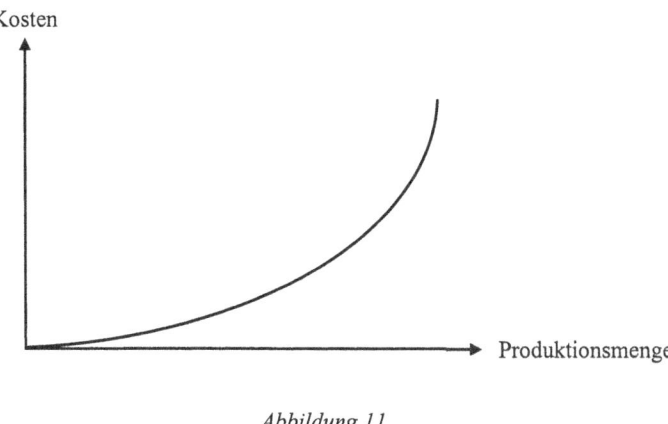

Abbildung 11

Die Produktionsfunktion, die der dargestellten Kostenfunktion zugrunde liegt, besitzt...

(a) ...sinkende Skalenerträge.

(b) ...steigende Skalenerträge.

(c) ...konstante Skalenerträge.

(d) ...keinen ertragsgesetzlichen Verlauf.

(e) Keine der Alternativen (a) bis (d) zur Beschreibung der Produktionsfunktion ist richtig.

Aufgabe 36

Wie kann man in der Produktionstheorie die Minimalkostenkombination bestimmen?

(a) Durch den Tangentialpunkt zwischen Isoquante und Isokostengerade.

(b) Durch die Wahl des maximal erzielbaren Outputs für ein bestimmtes, vorgegebenes Kostenniveau.

(c) Indem man genau die Einsatzmengen der Produktionsfaktoren wählt, für die die Grenzrate der technischen Substitution dem Faktorpreisverhältnis entspricht.

(d) Entweder durch das Prinzip der Kostenminimierung (bei einer vorgegebenen Ausbringungsmenge) oder durch das Prinzip der Outputmaximierung (falls das Kostenniveau vorgegeben ist).

(e) Alle Alternativen (a) bis (d) sind richtig.

(f) Keine der Alternativen (a) bis (e) ist richtig.

Aufgabe 37

Berechnen Sie die Minimalkostenfunktion $C(x)$ für die Produktionsfunktion $x = v^{\alpha}$ (mit $0 < \alpha < 1$), wenn $q = 1$ der Preis für den Produktionsfaktor v ist.

(a) $C(x) = x^{\alpha}$

(b) $C(x) = \alpha \cdot x$

(c) $C(x) = x^{1/\alpha}$

(d) $C(x) = x^{-\alpha}$

(e) $C(x) = \alpha \cdot x^{\alpha-1}$

(f) Keine der Alternativen (a) bis (e) ist richtig.

Aufgabe 38

Die Minimalkostenfunktion eines Unternehmens lautet $C(x) = x^2 + 1$. Der Güterpreis p ist 2. Wie hoch ist der gewinnmaximale Output bei vollständiger Konkurrenz?

(a) $x = 0$

(b) $x = 1/2$

(c) $x = 1$

(d) Es existiert kein optimaler Output.

(e) Das Unternehmen macht durchweg Verluste.

(f) Keine der Alternativen (a) bis (e) ist richtig.

Aufgabe 39

Welche der nachfolgend genannten Bedingungen gibt in einem Markt mit vollkommener Konkurrenz der Anbieter das Gewinnmaximum an?

(a) Grenzkosten = Grenzproduktivität

(b) Güterpreis = Faktorpreis

(c) Durchschnittskosten = Marktpreis

(d) Gewinn = Erlös

(e) Grenzkosten = Marktpreis

(f) Keine der Alternativen (a) bis (e) ist richtig.

Aufgabe 40

Welcher Zusammenhang wird in der mikroökonomischen Theorie mit der Preiselastizität des Angebots ausgedrückt?

(1) Die prozentuale Änderung der Angebotsmenge, wenn sich der Marktpreis des angebotenen Gutes um ein Prozent verändert.

(2) Die Sensitivität der Angebotsmenge bezüglich einer marginalen Änderung des erzielbaren Marktpreises.

(3) Die prozentuale Änderung des Marktpreises infolge einer einprozentigen Veränderung der Herstellungsmenge.

(4) Die prozentuale Änderung der Herstellungskosten infolge veränderter Faktorpreise.

(a) Lediglich die Aussagen (1) und (2) sind richtig.

(b) Lediglich die Aussagen (1) und (3) sind richtig.

(c) Lediglich die Aussagen (3) und (4) sind richtig.

(d) Alle Aussagen (1) bis (4) sind richtig.

(e) Keine der Aussagen (1) bis (4) ist richtig.

8. Preisbildung auf den Gütermärkten

Aufgabe 41

Welche Merkmale zeichnen die Marktform der vollständigen Konkurrenz aus?

(1) Die Unternehmen bieten homogene Güter an.

(2) Es herrscht vollkommene Markttransparenz.

(3) Auf dem Markt befinden sich sehr viele Anbieter und Nachfrager.

(4) Für Markteintritte und Marktaustritte bestehen keine Hindernisse.

(5) Der Preis kann sich frei bewegen.

(a) Lediglich die Merkmale (1) bis (3) sind Kennzeichen der vollständigen Konkurrenz.

(b) Lediglich die Merkmale (2), (3) und (4) kennzeichnen die vollständige Konkurrenz.

(c) Das Merkmal (1) ist nicht charakteristisch für die vollständige Konkurrenz, die restlichen vier Merkmale sind jedoch zutreffend.

(d) Alle oben genannten Merkmale (1) bis (5) charakterisieren die Marktform der vollständigen Konkurrenz.

(e) Keines der oben genannten Merkmale (1) bis (5) ist charakteristisch für die Marktform der vollständigen Konkurrenz.

Aufgabe 42

Welche der folgenden Aussagen zum Marktgleichgewicht ist **unzutreffend**?

(a) Bei einem Nachfrageüberschuss ist der Gleichgewichtspreis größer als der aktuelle Preis.

(b) Bei einem Angebotsüberschuss ist der Gleichgewichtspreis größer als der aktuelle Preis.

(c) Selbst wenn wie üblich ein steigender Verlauf der Angebotskurve und ein fallender Verlauf der Nachfragekurve angenommen wird, ist keineswegs gesichert, dass sich ein Gleichgewicht auf diesem Markt einstellt.

(d) Falls ein Nachfrageüberschuss vorliegt, bieten die Unternehmen zum aktuellen Güterpreis weniger an als die Konsumenten kaufen wollen.

(e) Im Falle eines Angebotsüberschusses auf dem Arbeitsmarkt besteht Arbeitslosigkeit.

(f) Keine der Aussagen (a) bis (e) ist unzutreffend.

Aufgabe 43

Wann spricht man in der mikroökonomischen Theorie von Walras-Stabilität auf einem Gütermarkt?

(a) Wenn die Konsumenten bereit sind, bei einem Nachfrageüberschuss mehr für das angebotene Gut zu bezahlen.

(b) Wenn die Unternehmen bei einem Angebotsüberschuss bereit sind, die Preise zu senken, um die Nachfrage anzukurbeln.

(c) Eine Voraussetzung dafür, dass sich ein Walras-Gleichgewicht einstellen kann, ist ein fallender Verlauf der Nachfragefunktion und ein steigender Verlauf der Angebostfunktion.

(d) Walras-Stabilität beruht unter anderem auf der Vorstellung eines Auktionators, der alle geschlossenen Kaufverträge kennt und den entsprechenden Kaufpreis „veröffentlicht".

(e) Alle Alternativen (a) bis (d) sind richtig.

(f) Keine der Alternativen (a) bis (e) ist richtig.

Aufgabe 44

Welche Besonderheit ergibt sich bei der Gewinnmaximierung eines Monopolisten, im Vergleich zur Gewinnmaximierung eines Anbieters auf einem Konkurrenzmarkt?

(a) Im Unterschied zum Polypol entspricht im Monopol der Grenzerlös nicht den Grenzkosten, wenn der Gewinn maximiert wird.

(b) Anbieter auf einem Markt mit vollständiger Konkurrenz können den Preis erheblich beeinflussen, während der Monopolist auf keinen Fall den Gleichgewichtspreis beeinflussen kann.

(c) Im Monopol ist der Grenzerlös kleiner als der Güterpreis.

(d) Im Monopol sind die Grenzkosten höher als der Güterpreis.

(e) Keine der Alternativen (a) bis (d) ist richtig.

Aufgabe 45

Bei der Bestimmung des Marktgleichgewichts spielt der Cournot-Punkt eine entscheidende Rolle. Wo liegt dieser?

(a) Im Schnittpunkt von Nachfragekurve und Grenzkostenkurve auf einem Markt mit vollständiger Konkurrenz.

(b) Im Schnittpunkt von Grenzkostenkurve und Durchschnittskostenkurve im Polypol.

(c) Im Schnittpunkt von Grenzkostenkurve und Grenzerlöskurve im Monopol.

(d) Der Cournot-Punkt liegt auf der Nachfragekurve und gibt die Sättigungsmenge an.

(e) Auf der Nachfragekurve im Monopolmarkt, wodurch der zur gewinnmaximalen Menge gehörige Preis ermittelt werden kann.

(f) Keine der Alternativen (a) bis (e) ist richtig.

Aufgabe 46

Die Preiselastizität der Nachfrage...

(a) ...gibt das Verhältnis einer relativen Nachfrageänderung zu einer relativen Preisänderung an.

(b) ...gibt das Verhältnis einer absoluten Nachfrage- zu einer absoluten Preisänderung an.

(c) ...ist bei linearen Nachfragekurven stets konstant, aber nicht null.

(d) ...ist bei linearen Nachfragekurven stets null.

(e) Keine der genannten Alternativen (a) bis (d) ist richtig.

Aufgabe 47

Gegeben sei ein Markt mit vollständiger Konkurrenz. Die Gesamtnachfrage N sei durch die Funktion $p_N(x) = 8/x$ gegeben, das Gesamtangebot A sei $p_A(x) = x^2$. Nehmen Sie an, es gilt $p = 1$. Welche der folgenden Aussagen liefert eine korrekte Beschreibung für diese Situation?

(a) Es hat sich das Marktgleichgewicht eingestellt.

(b) Es liegt ein Angebotsüberschuss vor.

(c) Es liegt ein Nachfrageüberschuss vor.

(d) Bei p = 1 handelt es sich um den gewinnmaximalen Preis.

(e) Keine der Alternativen (a) bis (d) ist richtig.

Aufgabe 48

Gegeben sei ein Markt bei vollständiger Konkurrenz. Die Gesamtnachfrage N sei durch die Funktion $p_N(x) = 9 - 2x$ gegeben, das Gesamtangebot A ist $p_A(x) = 1$.

Wie hoch ist die Konsumentenrente (KR) bzw. die Produzentenrente (PR)?

(a) (KR; PR) = (8; 8)

(b) (KR; PR) = (16; 0)

(c) (KR; PR) = (4; 12)

(d) (KR; PR) = (0; 1)

(e) Keine der Alternativen (a) bis (d) ist richtig.

Aufgabe 49

Ein Monopolist kennt die Nachfragefunktion für sein Gut $x_N(p) = 20 - p$. Seine Kostenfunktion lautet: $C(x) = 10x$.

Welchen gewinnmaximalen Preis p^* wird der Monopolist verlangen und welche gewinnmaximale Menge x^* bietet er an?

(a) $(p^*; x^*) = (10; 10)$

(b) $(p^*; x^*) = (15; 5)$

(c) $(p^*; x^*) = (20; 10)$

(d) $(p^*; x^*) = (20; 2)$

(e) Keine der Alternativen (a) bis (d) ist richtig.

Aufgabe 50

Gegeben sei ein Markt bei vollständiger Konkurrenz. Die Gesamtnachfrage N sei durch die Funktion $p_N(x) = 18/x$ gegeben, das Gesamtangebot A sei $p_A(x) = 2x$.

Welche der folgenden Aussagen trifft zu, wenn p = 2 ist?

(a)   Es liegt ein Angebotsüberschuss in Höhe von 16 vor.

(b)   Es liegt ein Angebotsüberschuss in Höhe von 4 vor.

(c)   Es liegt ein Nachfrageüberschuss von 2 vor.

(d)   Es liegt ein Nachfrageüberschuss von 8 vor.

(e)   Bei p = 2 hat sich das Marktgleichgewicht eingestellt.

(f)   Keine der Alternativen (a) bis (e) ist richtig.

Aufgabe 51

Gegeben sei ein Markt bei vollständiger Konkurrenz. Die Gesamtnachfrage N sei durch die Funktion $p_N(x) = 10 - 2x$ gegeben, das Gesamtangebot A sei $p_A(x) = 2$.

Wie hoch ist die Produzentenrente?

(a)   0

(b)   2

(c)   5

(d)   10

(e)   Keine der Alternativen (a) bis (d) ist richtig.

Aufgabe 52

Gegeben sei ein Markt bei vollständiger Konkurrenz.

Die Gesamtnachfrage N sei durch $p_N(x) = 1/x$ und das Gesamtangebot A sei durch die Funktion $p_A(x) = x$ gegeben.

Wie hoch ist die Preiselastizität der Nachfrage?

(a) 2
(b) 1
(c) 1/2
(d) −2
(e) −1
(f) Keine der Alternativen (a) bis (e) ist richtig.

9. Der Arbeitsmarkt

Aufgabe 53

Was gibt die Einkommens-Zeitbeschränkung des Arbeitsangebots an?

(a) Das Verhältnis zwischen dem Wert der Freizeit und dem Wert des Güterkonsums.

(b) Den Anteil der Arbeitszeit an der gesamten restlichen Lebenszeit.

(c) Das Gesamteinkommen, welches ein Arbeitnehmer bis zum Renteneintrittsalter erzielen will.

(d) Die insgesamt verfügbare Zeit, die sich als Summe aus Arbeitszeit und Freizeit ergibt.

(e) Die Dauer eines Beschäftigungsverhältnisses.

(f) Keine der Alternativen (a) bis (e) ist richtig.

Aufgabe 54

Abbildung 12 zeigt die optimale Arbeitsnachfrage eines gewinnmaximierenden Unternehmens. Der Output wird mit x, der Input Arbeit wird mit L bezeichnet. Die Produktionsfunktion ist f(L).

Prüfen Sie, welche der nachstehenden fünf Aussagen zur Arbeitsnachfrage richtig sind.

(1) Die Linie AC repräsentiert die Kostenfunktion des Unternehmens.

(2) Die Steigung der Funktion AC entspricht dem Reallohn, wenn angenommen wird, dass der Gewinn konstant ist.

(3) Im Punkt B stimmen Lohnsatz und Wertgrenzprodukt der Arbeit überein.

(4) Die dargestellte Produktionsfunktion weist einen ertragsgesetzlichen Verlauf und somit sinkende Skalenerträge auf.

(5) Falls das Unternehmen eine höhere Arbeitsmenge nachfragt als in Punkt D, kann es den Gewinn und die Produktionsmenge steigern.

(a) Nur die Aussagen (1), (3) und (5) sind richtig.

(b) Nur die Aussagen (2) und (4) sind richtig.

(c) Nur die Aussagen (2), (3) und (4) sind richtig.

(d) Nur die Aussagen (1) und (5) sind richtig.

(e) Alle Aussagen (1) bis (5) zur Arbeitsnachfrage sind richtig.

(f) Keine der Aussagen (1) bis (5) zur Arbeitsnachfrage ist richtig.

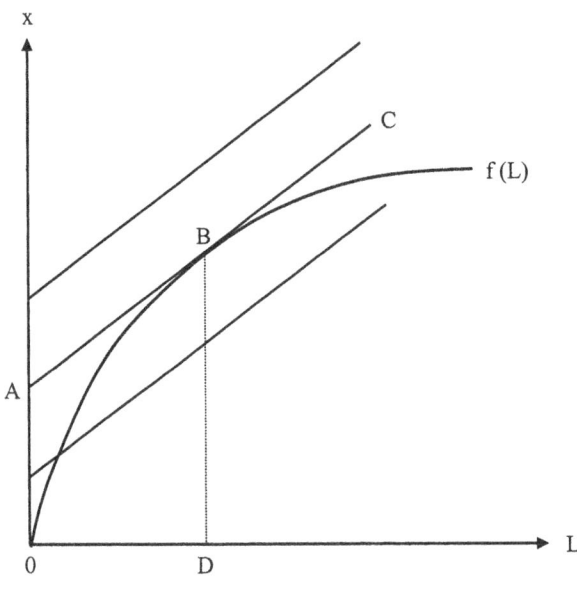

Abbildung 12

Aufgabe 55

In obiger Abbildung 12 wird die optimale Arbeitsnachfrage eines gewinnmaximierenden Unternehmens illustriert.

Welche Auswirkungen auf die Arbeitsnachfrage würden sich ergeben, falls der Reallohn sinkt und das betrachtete Unternehmen wiederum seinen Gewinn maximieren möchte?

(a) Die Isogewinnlinien verlaufen nun flacher und die optimale Arbeitsnachfrage ist höher als in der Ausgangslage.

(b) Die Isogewinnlinien verlaufen nun steiler und die optimale Arbeitsnachfrage ist geringer als in der Ausgangslage.

(c) Die Produktionsfunktion weist eine größere Steigung auf und die optimale Arbeitsnachfrage geht zurück.

(d) Die Produktionsfunktion weist eine geringere Steigung auf und die optimale Arbeitsnachfrage nimmt zu.

(e) Keine der Alternativen (a) bis (d) ist richtig.

Aufgabe 56

Der typische Verlauf der Arbeitsangebotskurve ist zunächst steigend, da ein positiver Zusammenhang zwischen Lohnsatz und Arbeitsangebot vorliegt. Ab einer gewissen Höhe des Reallohnes sinkt allerdings die angebotene Arbeitsmenge.

Wie kann dieser Rückgang des Arbeitsangebots trotz des steigenden Reallohns ökonomisch erklärt werden?

(a) Der Substitutionseffekt überwiegt den Einkommenseffekt und Freizeit kann als inferiores Gut angesehen werden.

(b) Der Einkommenseffekt überwiegt den Substitutionseffekt, d.h. der Wert der Freizeit ist relativ hoch.

(c) Die Produktivität der Arbeitskräfte nimmt mit zunehmender Arbeitszeit ab.

(d) Die angebotene Arbeitsmenge sinkt ab einer bestimmten Höhe des Lohnsatzes, weil hochbezahlte Arbeitskräfte effizienter arbeiten als Arbeitnehmer mit geringem Einkommen.

(e) Keine der Alternativen (a) bis (d) ist richtig.

Aufgabe 57

Welche der folgenden Größen kann bei einer graphischen Bestimmung des Arbeitsmarktgleichgewichts angegeben werden?

(a) Die Zahl der Arbeitslosen.

(b) Der Reallohn.

(c) Die Zahl der offenen Stellen.

(d) Die insgesamt verfügbare Zeit eines Arbeitnehmers.

(e) Der tarifvertraglich vereinbarte Lohnsatz.

(f) Keine der Alternativen (a) bis (e) ist richtig.

Aufgabe 58

Anders als in der Theorie des Arbeitsmarktes sind in der Realität die Löhne nicht vollkommen flexibel und es kommt zu Arbeitslosigkeit.

Welche Ursachen können dafür verantwortlich sein, dass Löhne rigide sind?

(1) Die bestehende Verhandlungsmacht der Gewerkschaften.

(2) Unterschiedliche Interessen zwischen Beschäftigten und Arbeitssuchenden bei der Lohnbildung.

(3) Die Zahlung von Effizienzlöhnen.

(4) Informationsdefizite sowohl bei den Arbeitssuchenden als auch bei den Unternehmen.

(a) Lediglich Aussage (1) ist richtig.

(b) Nur die ersten beiden Aussagen sind richtig.

(c) Nur die Aussagen (3) und (4) sind richtig.

(d) Keine der Aussagen (1) bis (4) ist richtig.

(e) Alle Aussagen (1) bis (4) sind mögliche Ursachen für die Entstehung von Arbeitslosigkeit.

10. Marktversagen und Staatseingriffe

Aufgabe 59

Welches der nachfolgend genannten Ziele lässt sich aus den Erkenntnissen der Nutzentheorie für einen sozialen Planer ableiten?

(a) Die Maximierung der Produzentenrente.

(b) Die Maximierung der Konsumentenrente.

(c) Die Maximierung der gesellschaftlichen Wohlfahrt.

(d) Die Bereitstellung von möglichst vielen öffentlichen Gütern.

(e) Die Stabilisierung der Konjunktur.

(f) Keines der in den Alternativen (a) bis (e) genannten Ziele wird in der ökonomischen Theorie von einem sozialen Planer verfolgt.

Aufgabe 60

Was gibt die Konsumentenrente an?

(a) Die Höhe der jährlichen Rentenbezüge aller Konsumenten.

(b) Die Zahlungsbereitschaft der Konsumenten für ein Gut.

(c) Die Differenz zwischen der Zahlungsbereitschaft der Konsumenten und dem Marktpreis.

(d) Die durch den Absatz der Güter entstandenen Gewinne aller Unternehmen auf einem Markt.

(e) Das nach Abzug der Steuern verfügbare Einkommen der Konsumenten.

(f) Keine der Alternativen (a) bis (e) ist richtig.

Aufgabe 61

Welche Gründe für Marktversagen sind Ihnen bekannt?

(1) Externalitäten im Konsum.

(2) Die Bildung eines einheitlichen Preises für ein Gut.

(3) Eine unendlich hohe Anzahl von Unternehmen auf einem Markt.

(4) Das Vorliegen von Marktmacht.

(5) Die Existenz öffentlicher Güter, für die kein Preis bezahlt werden muss.

(a) Nur die Alternativen (1), (2) und (3) geben mögliche Ursachen für Marktversagen an.

(b) Nur die Alternativen (1), (4) und (5) geben mögliche Ursachen für Marktversagen an.

(c) Nur die Alternativen (2), (3) und (5) geben mögliche Ursachen für Marktversagen an.

(d) Keiner der oben genannten Gründe (1) bis (5) führt zu Marktversagen.

(e) Alle der oben genannten Gründe (1) bis (5) führen zu Marktversagen.

Aufgabe 62

Ineffizienzen auf einem Markt werden oftmals durch sogenannte externe Effekte hervorgerufen.

Welche der folgenden Aussagen trifft auf externe Effekte **nicht** zu?

(a) Externe Effekte haben immer Wirkungen auf Wirtschaftssubjekte außerhalb des jeweiligen Marktes.

(b) Externe Effekte treten nicht nur in der Produktion auf, sondern sie können auch im Bereich des Güterkonsums entstehen.

(c) Eines der Merkmale von externen Effekten ist, dass ihre Wirkungen nicht marktmäßig abgegolten werden.

(d) Subventionen und Steuern sind prinzipiell ungeeignet, um externe Effekte zu internalisieren.

(e) Falls der Staat direkte Eingriffe in den Preismechanismus vornimmt, ist eine Korrektur der nachgefragten Menge keineswegs gesichert, da Vieles von der Preiselastizität der Nachfrage für dieses Gut abhängt.

(f) Keine der Aussagen (a) bis (e) ist unzutreffend.

Aufgabe 63

Nichtrivalität im Konsum steht im Zusammenhang mit...

(a) ....souveränen Konsumenten.

(b) ...öffentlichen Gütern.

(c) ...geringen Präferenzen für das entsprechende Gut.

(d) ...einem abnehmenden Grenznutzen im Konsum des Gutes.

(e) ...Preisdiskriminierung durch die Unternehmen.

(f) Keine der Alternativen (a) bis (e) ist richtig.

Aufgabe 64

Wodurch werden in der Ökonomie Eingriffe des Staates in eine marktwirtschaftliche Ordnung üblicherweise begründet?

(a) Durch das Vorliegen von Marktversagen.

(b) Durch das Vorliegen von Staatsversagen.

(c) Durch die hohe Effizienz staatlicher Maßnahmen.

(d) Durch die Probleme der Marktteilnehmer, ökonomische Zusammenhänge zu verstehen.

(e) Keine der Alternativen (a) bis (d) ist richtig.

Aufgabe 65

Wie kann in der folgenden Abbildung 13 der Wohlfahrtsverlust im Monopol gemessen werden?

Gleichgewichtspreis bzw. -menge im Monopol werden mit p^*_M bzw. x^*_M abgekürzt.

Das gleichgewichtige Marktergebnis im Polypol wird mit p^*_C bzw. x^*_C bezeichnet.

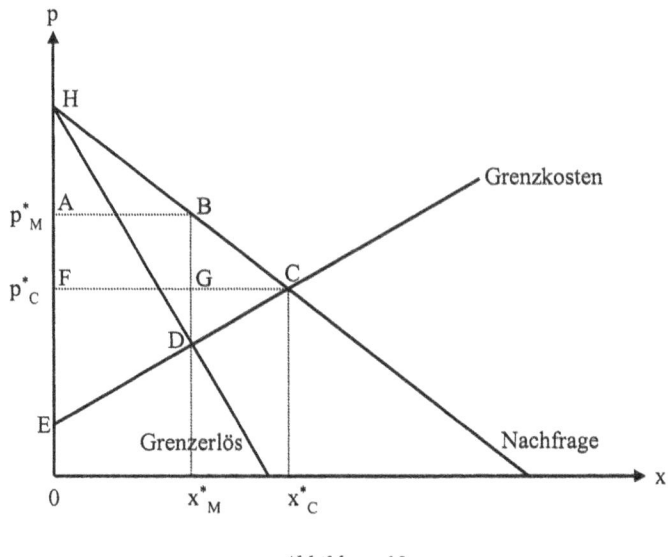

Abbildung 13

(a) Der Wohlfahrtsverlust im Monopol kann durch die Fläche ECH angegeben werden.

(b) Der Wohlfahrtsverlust im Monopol kann durch die Fläche HAB angegeben werden.

(c) Der Wohlfahrtsverlust im Monopol kann durch die Fläche ABDE angegeben werden.

(d) Der Wohlfahrtsverlust im Monopol kann durch die Fläche BCD angegeben werden.

(e) Keine der Alternativen (a) bis (d) ist richtig.

Aufgabe 66

Ein Monopol, in dem hohe Fixkosten sowie degressive Durchschnittskosten vorliegen, liefert aus wohlfahrtstheoretischer Sicht nicht das optimale Marktergebnis. Der Staat kann dieses Marktergebnis jedoch beeinflussen, um eine höhere soziale Wohlfahrt zu erzielen.

Welche Probleme können bei der Preisregulierung solch eines Monopolmarktes auftreten?

(a) Über die Produktionskosten des Alleinanbieters besitzt der Staat meist nur unzureichende Informationen.

(b) Die Preisregulierung kann dazu führen, dass der Monopolist seine gesamten Kosten nicht mehr decken kann und deshalb Subventionen erhält.

(c) Der Alleinanbieter strebt lediglich einen maximalen Gewinn an und ist nicht an einem bestmöglichen Marktergebnis aus wohlfahrtstheoretischen Aspekten interessiert.

(d) Ein langfristig optimales Marktergebnis ist kaum möglich, weil die Entwicklung der Faktorkosten und das Nachfrageverhalten über einen längeren Zeitraum nicht exakt prognostiziert werden können.

(e) Alle der in den Antworten (a) bis (d) geschilderten Probleme können im Zuge der Preisregulierung eines Monopols auftreten.

(f) Keines der Alternativen (a) bis (e) ist richtig.

Aufgabe 67

Das „Trittbrettfahrerproblem" erschwert die Bereitstellung der optimalen Menge von öffentlichen Gütern.

Welche zentrale Voraussetzung zur effizienten Allokation wird dadurch verletzt, dass sich Konsumenten wie „Trittbrettfahrer" bei der Nutzung öffentlicher Güter verhalten?

(a) Die Steuereinnahmen sind geringer als die Ausgaben des Staates (es entsteht ein Budgetdefizit im öffentlichen Sektor).

(b) Selbst ex post kommt es zu keine Übereinstimmung von gesamtwirtschaftlicher Ersparnis und Investitionen.

(c) Die Grenzkosten der Leistungserstellung stimmen nicht mehr mit der Summe der marginalen Zahlungsbereitschaften der einzelnen Konsumenten überein.

(d) Das Prinzip der Nichtausschließbarkeit von Konsum öffentlicher Güter wird verletzt.

(e) Keine der Alternativen (a) bis (d) ist richtig.

TEIL III:

MAKROÖKONOMISCHE THEORIE UND POLITIK

Bearbeitungshinweis: Bei jeder Aufgabe ist eine der Antwortalternativen richtig.

11. Wirtschaftskreislauf und Nationaleinkommen

Aufgabe 1

Wie lässt sich gemäß dem Inlandskonzept das Bruttoinlandsprodukt einer geschlossenen Volkswirtschaft berechnen?

(a)   Das Bruttoinlandsprodukt entspricht der Summe aus Löhnen, Zinsen und Renten.

(b)   Das Bruttoinlandsprodukt entspricht dem Nettoinlandsprodukt minus Abschreibungen.

(c)   Das Bruttoinlandsprodukt entspricht der Summe aus privatem und staatlichem Konsum sowie aus privaten und staatlichen Bruttoinvestitionen.

(d)   Das Bruttoinlandsprodukt entspricht der Summe aus gesamtwirtschaftlicher Nettowertschöpfung und indirekten Steuern.

(e)   Keine der Alternativen (a) bis (d) ist richtig.

Aufgabe 2

Wie lässt sich das Volkseinkommen einer offenen Volkswirtschaft unter Berücksichtigung des Staates nach dem Inlandskonzept berechnen?

(a)   Bruttoinlandsprodukt plus Saldo der Primäreinkommen aus der übrigen Welt.

(b)   Nettonationaleinkommen plus Abschreibungen minus Saldo der Primäreinkommen aus der übrigen Welt.

(c)   Nettonationaleinkommen minus Produktions- und Importabgaben plus Subventionen.

(d)   Bruttonationaleinkommen minus Abschreibungen.

(e)   Keine der Alternativen (a) bis (d) ist richtig.

Aufgabe 3

Auf welche Weise kann das Bruttoinlandsprodukt einer offenen Volkswirtschaft unter Berücksichtigung des Staates berechnet werden, wenn das Inlandskonzept zugrunde gelegt wird?

(a)   Bruttonationaleinkommen minus Abschreibungen plus Subventionen.

(b)   Bereinigte Bruttowertschöpfung plus Nettogütersteuern.

(c)   Arbeitnehmerentgelt plus Unternehmens- und Vermögenseinkommen.

(d)   Bruttonationaleinkommen minus Abschreibungen.

(e)   Keine der Alternativen (a) bis (d) ist richtig.

Aufgabe 4

Abbildung 14 zeigt das Kreislaufschema für eine geschlossene Volkswirtschaft ohne Staat.

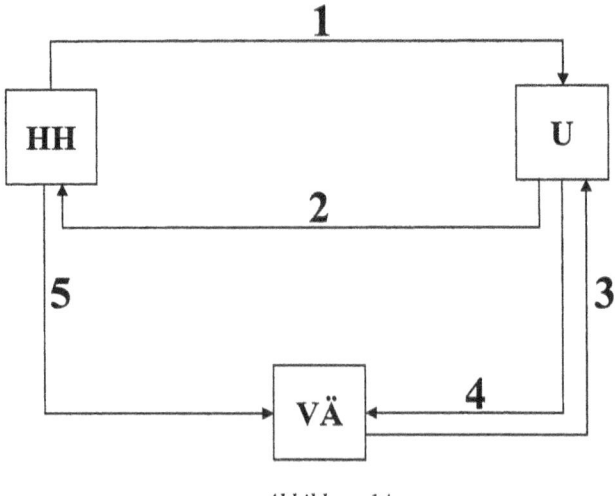

Abbildung 14

Die Pfeile geben jeweils monetäre Ströme an und es wird angenommen, dass sowohl Haushalte (HH) als auch Unternehmen (U) sparen. Des Weiteren werden nur Nettoinvestitionen betrachtet, die der gesamten Ersparnis in der Volkswirtschaft entsprechen und den Unternehmen zufließen. Das gesamtwirtschaftliche Vermögensänderungskonto wird mit VÄ bezeichnet.

Welche der folgenden Zuordnungen ist die richtige?

(a) 1: Investitionen, 2: Sparen der Unternehmen, 3: privater Konsum, 4: Faktorentlohnung minus Sparen der Unternehmen, 5: Ersparnis der Haushalte.

(b) 1: privater Konsum, 2: Investitionen, 3: Sparen der Unternehmen, 4: Faktorentlohnung minus Sparen der Unternehmen, 5: Sparen der Haushalte.

(c) 1: privater Konsum, 2: Faktorentlohnung minus Sparen der Unternehmen, 3: Investitionen, 4: Sparen der Unternehmen, 5: Sparen der Haushalte.

(d) 1: Sparen der Haushalte, 2: Faktorentlohnung minus Sparen der Unternehmen, 3: Sparen der Haushalte, 4: Investitionen, 5: privater Konsum.

(e) 1: Investitionen, 2: Sparen der Unternehmen, 3: privater Konsum, 4: Faktorentlohnung minus Sparen der Unternehmen, 5: Sparen der Haushalte.

(f) 1: Konsum, 2: Faktorentlohnung minus Sparen der Unternehmen, 3: Sparen der Haushalte, 4: Investitionen, 5: Sparen der Unternehmen.

(g) Keine der Alternativen (a) bis (f) ist richtig.

Aufgabe 5

Welche der folgenden Größen ist **nicht** im Bruttoinlandsprodukt enthalten?

(a) privater Konsum

(b) private Bruttoinvestitionen

(c) staatliche Bruttoinvestitionen

(d) Importe

(e) Abschreibungen

(f) Alle unter (a) bis (e) genannten Größen sind im Bruttoinlandsprodukt enthalten.

Aufgabe 6

Welche der folgenden Aussagen ist zutreffend?

(a) Das Bruttonationaleinkommen ist stets kleiner als das Nettonationaleinkommen, kann aber kleiner oder größer als das Bruttoinlandsprodukt sein.

(b) Das Bruttonationaleinkommen ist stets größer als das Nettonationaleinkommen, aber kleiner als das Bruttoinlandsprodukt.

(c) Das Bruttonationaleinkommen kann kleiner oder größer als das Nettonationaleinkommen sein, ist aber stets größer als das Bruttoinlandsprodukt.

(d) Das Bruttonationaleinkommen ist stets größer als das Nettonationaleinkommen, kann aber kleiner oder größer als das Bruttoinlandsprodukt sein.

(e) Das Bruttonationaleinkommen ist stets größer als das Nettonationaleinkommen und auch größer als das Bruttoinlandsprodukt.

(f) Keine der obigen Aussagen (a) bis (e) ist zutreffend.

Aufgabe 7

Wie hoch ist das Volkseinkommen, wenn folgende Werte (in Geldeinheiten = GE) bekannt sind?

Bruttoinlandsprodukt	3.800
Saldo der Primäreinkommen aus der übrigen Welt	30
Abschreibungen	560
Produktions- und Importabgaben	440
Subventionen	70

(a) 4.900 GE

(b) 3.240 GE

(c) 2.900 GE

(d) 3.700 GE

(e) Keine der Alternativen (a) bis (d) ist richtig.

Aufgabe 8

Ein Stahlproduzent verkauft für 1,5 Mio. Euro Stahl an einen Automobilkonzern. Dieser fertigt daraus Autos und verkauft diese für 2,5 Mio. Euro an Autohändler. Die Händler verkaufen die Autos für 3,5 Mio. Euro an Privatpersonen.

Um welchen Betrag steigt das Bruttoinlandsprodukt durch diese Transaktion an?

(a) 1 Mio. Euro

(b) 1,5 Mio. Euro

(c) 2 Mio. Euro

(d) 2,5 Mio. Euro

(e) 3,5 Mio. Euro

(f) 7,5 Mio. Euro

(g) Keine der Alternativen (a) bis (f) ist richtig.

Aufgabe 9

Wie hoch ist das Nettoinlandsprodukt zu Faktorkosten einer offenen Volkswirtschaft gemäß dem Inlandskonzept, wenn folgende Größen (in Geldeinheiten = GE) gegeben sind?

Privatkonsum	210
Staatskonsum	90
Nettoinvestitionen	50
Abschreibungen	30
Indirekte Steuern	20
Außenbeitrag	60
Subventionen	10

(a) 350 GE

(b) 430 GE

(c) 280 GE

(d)   200 GE

(e)   400 GE

(f)   Keine der Alternativen (a) bis (e) ist richtig.

Aufgabe 10

Welche Schwächen weist die volkswirtschaftliche Gesamtrechnung auf?

(1)   Sie erfasst nicht die Gewinne, die in einer Volkswirtschaft erwirtschaftet werden.

(2)   Sie erfasst nicht die Schattenwirtschaft.

(3)   Sie erfasst nicht die Subventionen.

(4)   Sie erfasst nicht die Löhne.

(a)   Nur Aussage (1) trifft zu.

(b)   Nur Aussage (2) trifft zu.

(c)   Nur Aussage (3) trifft zu.

(d)   Nur Aussage (4) trifft zu.

(e)   Nur die Aussagen (1) und (2) treffen zu.

(f)   Nur die Aussagen (2) und (3) treffen zu.

(g)   Alle Aussagen (1) bis (4) treffen zu.

(h)   Keine der Aussagen (1) bis (4) trifft zu.

Aufgabe 11

Welche der folgenden Aussagen zum Laspeyres- und zum Paasche-Preisindex ist zutreffend?

(a)   Der Preisindex von Laspeyres ist immer größer als derjenige von Paasche.

(b)   Im Gegensatz zum Laspeyres-Index werden beim Paasche-Index die Preise mit dem Warenkorb der Basisperiode gewichtet.

(c)   Das Deutsche Statistische Bundesamt verwendet den Laspeyres-Index, weil dieser die sich ändernden Präferenzen der Wirtschaftssubjekte besser berücksichtigt.

(d) Zur Betrachtung der inflationären Entwicklung ist der Index von Laspeyres besser geeignet als der Index von Paasche.

(e) Während beim Paasche-Index der Warenkorb der Berichtsperiode verwendet wird, fließen beim Laspeyres-Index die Waren der Basisperiode ein.

(f) Keine der Aussagen (a) bis (e) ist zutreffend.

Aufgabe 12

Für einen Warenkorb mit zwei Gütern liegen folgende Daten vor:

$p_0 = (2; 2)$ Preisvektor zum Zeitpunkt 0

$p_1 = (3; 3)$ Preisvektor zum Zeitpunkt 1

$q_0 = (3; 2)$ Mengenvektor zum Zeitpunkt 0

$q_1 = (2; 4)$ Mengenvektor zum Zeitpunkt 1

Wie hoch ist das nominale Bruttoinlandsprodukt zum Zeitpunkt 1 in Relation zum nominalen Bruttoinlandsprodukt zum Zeitpunkt 0?

(a) 1

(b) 1,5

(c) 1,8

(d) 2

(e) 3

(f) Keine der Alternativen (a) bis (e) ist richtig.

Aufgabe 13

Welcher Wert ergibt sich mit den Daten aus Aufgabe 12 für den Laspeyres-Preisindex zum Zeitpunkt 1 relativ zum Zeitpunkt 0?

(a) 1

(b) 1,2

(c) 1,33

(d) 1,5

(e) 2

(f) Keine der Alternativen (a) bis (e) ist richtig.

Aufgabe 14

Welchen Wert hat mit den Daten aus Aufgabe 12 der Paasche-Preisindex zum Zeitpunkt 1 relativ zum Zeitpunkt 0?

(a) 1

(b) 1,2

(c) 1,33

(d) 1,5

(e) 2

(f) Keine der Alternativen (a) bis (e) ist richtig.

Aufgabe 15

Ein Warenkorb mit drei Gütern ist gegeben. Die folgenden Vektoren beschreiben die Preise (p) und Mengen (q), die in den zwei aufeinander folgenden Perioden t = 1, 2 vorlagen:

$p_1 = (3; 1; 2)$ Preisvektor zum Zeitpunkt t=1

$p_2 = (1; 1; 4)$ Preisvektor zum Zeitpunkt t=2

$q_1 = (5; 1; 2)$ Mengenvektor zum Zeitpunkt t=1

$q_2 = (3; 6; 4)$ Mengenvektor zum Zeitpunkt t=2

Welcher Wert ergibt sich für den Laspeyres-Preisindex (P_L) zum Zeitpunkt t = 2 relativ zum Zeitpunkt t = 1?

Im Zeitpunkt t = 1 gilt: $P_L = 1$.

(a) $P_L = 1$

(b) $P_L = 7/10$

(c) $P_L = 25/23$

(d) $P_L = 10/7$

(e) $P_L = 23/25$

(f) Keine der Alternativen (a) bis (e) ist richtig.

12. Grundzusammenhänge der Makroökonomik: Aggregiertes Angebot und aggregierte Nachfrage

Aufgabe 16

Welche Aussage zur Theorie der Klassik ist zutreffend?

(a) Im gesamtwirtschaftlichen Gleichgewicht kann es Unterbeschäftigung geben.

(b) Die Löhne reagieren auf ungleichgewichtige Marktsituationen immer flexibel.

(c) Die Angebotsfunktion hat eine Steigung von null.

(d) Eine aktive, nachfrageorientierte Politik beeinflusst nur das Inlandsprodukt, aber nicht das Preisniveau.

(e) Keine der Aussagen (a) bis (d) ist zutreffend.

Aufgabe 17

Weshalb gibt es nach Ansicht der Klassiker in einer Volkswirtschaft **keine** unfreiwillige Arbeitslosigkeit?

(a) Weil starre Löhne und Preise garantieren, dass die Produktionsmenge stets der nachgefragten Gütermenge entspricht.

(b) Weil sich die völlig flexiblen Preise und Löhne so einstellen, dass immer ein Gleichgewicht erreicht wird.

(c) Weil die Arbeitsnachfrage stets geringer als das Arbeitsangebot ist.

(d) Weil die Preiselastizität des aggregierten Angebots gegen unendlich geht.

(e) Keine der Alternativen (a) bis (d) ist richtig.

Aufgabe 18

Welche der nachfolgenden Aussagen lässt sich mit der Theorie von Keynes in Verbindung bringen?

(a) Im gesamtwirtschaftlichen Gleichgewicht kann es Unterbeschäftigung geben.

(b) Die Löhne reagieren auf ungleichgewichtige Marktsituationen immer flexibel.

(c) Unterbeschäftigung ist entweder freiwillig oder durch künstliche Hemmnisse bei notwendigen Lohnanpassungen verursacht.

(d) Eine aktive, nachfrageorientierte Politik beeinflusst nur das Preisniveau, aber nicht das Inlandsprodukt oder die Beschäftigung.

(e) Keine der Aussagen (a) bis (d) kann der Theorie von Keynes zugeordnet werden.

Aufgabe 19

Welche der nachfolgenden Aussagen lässt sich mit dem "Keynesianischen Depressionsbereich" der aggregierten Angebotskurve in Verbindung bringen?

(a) Nicht in allen Branchen einer Volkswirtschaft herrscht Vollbeschäftigung.

(b) Die aggregierte Angebotskurve besitzt keinen Schnittpunkt mit der aggregierten Nachfragekurve.

(c) Die aggregierte Angebotskurve verläuft vertikal.

(d) Die aggregierte Angebotskurve verläuft unterhalb der Kapazitätsgrenze einer Volkswirtschaft horizontal.

(e) Keine der Aussagen (a) bis (d) lässt sich mit dem "Keynesianischen Depressionsbereich" der aggregierten Angebotskurve in Verbindung bringen.

Aufgabe 20

Nehmen Sie an, für Volkswirtschaft A gilt die aggregierte Angebotskurve der Keynes'schen Theorie, das heißt die aggregierte Angebotskurve weist eine Steigung von null auf bis zur Kapazitätsgrenze und ab diesem Punkt hat sie eine Steigung von plus unendlich. Für Volkswirtschaft B ist die aggregierte Angebotskurve der Klassik unterstellt, das heißt die aggregierte Angebotskurve verläuft vertikal.

Welche der nachfolgenden Aussagen trifft dann **nicht** zu?

(a) In Volkswirtschaft B kann es Deflation geben.

(b) Der Bereich, in dem die aggregierte Angebotskurve von Volkswirtschaft A horizontal verläuft, wird auch als "Keynesianischer Depressionsbereich" bezeichnet.

(c) In Volkswirtschaft A führt ein Anstieg der Staatsausgaben im Normalfall zu einer Erhöhung des Bruttoinlandsprodukts.

(d) In Volkswirtschaft B führt ein Anstieg der Staatsausgaben zu Inflation.

(e) In Volkswirtschaft A führt ein Rückgang der Staatsausgaben im Normalfall zu Deflation.

(f) Alle der Aussagen (a) bis (e) treffen zu.

Aufgabe 21

Welche politischen Maßnahmen führen in einer keynesianischen Makroökonomie zu niedrigeren Preisen und höherem Output?

(a) Steuererhöhungen

(b) Steuersenkungen

(c) Erhöhung der Staatsausgaben

(d) Erhöhung der autonomen Investitionen

(e) Keine der Alternativen (a) bis (d) ist richtig.

Aufgabe 22

Liegt die aggregierte Angebotsfunktion nach der Lehrmeinung der Klassik vor, so ist die Preiselastizität des Angebots...

(a) ...Null.

(b) ...unendlich groß.

(c) ...größer Null, aber nicht unendlich groß.

(d) ...negativ.

(e) ...nicht messbar.

(f) Keine der Alternativen (a) bis (e) ist richtig.

Aufgabe 23

Gemäß der neoklassischen Synthese gilt:

(1) Es muss zwischen einer kurz- und einer langfristigen Analyse unterschieden werden.

(2) Es gibt kein Gleichgewicht bei Unterbeschäftigung.

(3) Langfristig stellt sich stets ein Vollbeschäftigungsgleichgewicht ein.

(4) Die Preiselastizität der langfristigen aggregierten Angebotskurve ist betragsmäßig stets größer als die Preiselastizität der Nachfragekurve.

(a) Nur Aussage (1) trifft zu.

(b) Nur Aussage (2) trifft zu.

(c) Nur Aussage (3) trifft zu.

(d) Nur Aussage (4) trifft zu.

(e) Nur die Aussagen (1) und (3) treffen zu.

(f) Nur die Aussagen (2) und (4) treffen zu.

(g) Alle Aussagen (1) bis (4) treffen zu.

(h) Keine der Aussagen (1) bis (4) trifft zu.

(i) Keine der Alternativen (a) bis (h) ist richtig.

Aufgabe 24

Die Neoklassische Synthese beschreibt in der **kurzfristigen** Analyse eine...

(a) ...aggregierte Nachfragekurve, die streng monoton steigend verläuft.

(b) ...aggregierte Angebotskurve, die bis zur Kapazitätsgrenze der Volkswirtschaft waagrecht verläuft.

(c) ...aggregierte Angebotskurve, die zu jedem Preisniveau eine Preiselastizität des Angebots von null hervorbringt.

(d) ...aggregierte Angebotskurve, deren Verlauf sich in drei Bereiche einteilen lässt: einen Keynesianischen Bereich, einen Normalbereich und einen klassischen Bereich.

(e) Keine der Alternativen (a) bis (d) ist richtig.

Aufgabe 25

Welche der nachfolgenden Aussagen ist zutreffend?

(a) Gemäß der neoklassischen Synthese kann es langfristig bei konstantem Produktionspotenzial keine kosteninduzierte Inflation geben.

(b) Gemäß der Theorie der Klassik kann es bei konstantem Produktionspotenzial keine Inflation geben.

(c) Gemäß der neoklassischen Synthese kann es kurzfristig keine nachfrageinduzierte Inflation geben.

(d) Die Lage der aggregierten Angebotskurve wird in der neoklassischen Synthese von exogenen Größen nicht beeinflusst.

(e) Keine der Aussagen (a) bis (d) ist zutreffend.

Aufgabe 26

In einer Volkswirtschaft, die Öl importiert und als Produktionsfaktor verwendet, soll die aggregierte Angebotskurve (AA-Kurve) gemäß der Theorie der neoklassischen Synthese verlaufen. Welche Wirkung zeigt dann – ceteris paribus – ein drastischer Anstieg der Ölpreise?

(a) Die AA-Kurve verschiebt sich nach rechts.

(b) Es sind keine Auswirkungen auf die betrachtete Volkswirtschaft zu erwarten.

(c) Das Preisniveau sinkt und das reale Bruttoinlandsprodukt steigt.

(d) Das reale Bruttoinlandsprodukt fällt und das Preisniveau steigt.

(e) Keine der Alternativen (a) bis (d) ist richtig.

Aufgabe 27

Nehmen Sie an, die langfristige aggregierte Angebotskurve verläuft gemäß der neoklassischen Synthese. Die aggregierte Nachfragekurve soll einen linear fallenden Verlauf aufweisen.

Wie verändern sich Preisniveau und Bruttoinlandsprodukt, wenn der Staat die Steuern drastisch senkt?

(a) Das Preisniveau sinkt und das Bruttoinlandsprodukt steigt.

(b) Das Preisniveau steigt und das Bruttoinlandsprodukt sinkt.

(c) Das Preisniveau bleibt konstant und das Bruttoinlandsprodukt steigt.

(d) Das Preisniveau steigt und das Bruttoinlandsprodukt bleibt konstant.

(e) Sowohl Preisniveau als auch Bruttoinlandsprodukt nehmen zu.

(f) Keine der Alternativen (a) bis (e) ist richtig.

Aufgabe 28

Unterstellt ist eine Volkswirtschaft, für die die Angebotskurve der neoklassischen Synthese gilt. Für diese Volkswirtschaft verteuern sich die Preise der importierten Rohstoffe (negativer Angebotsschock). Um diesen Effekt kurzfristig zu kompensieren, beschließt die Regierung, die Staatsausgaben zu erhöhen.

Welche der nachfolgenden Wirkungen sind denkbar?

(a) Der Angebotsschock verringert das gleichgewichtige Bruttoinlandsprodukt sowie das Preisniveau.

(b) Die Staatsausgabenerhöhung erhöht das Produktionspotenzial.

(c) Der Angebotsschock erhöht das Preisniveau und verringert das gleichgewichtige Bruttoinlandsprodukt.

(d) Die Staatsausgabenerhöhung führt zu einer Preissenkung bei einem gestiegenen Bruttoinlandsprodukt (im Vergleich zu der Situation nach dem Angebotsschock).

(e) Die Staatsausgabenerhöhung senkt nur das Preisniveau.

(f) Die Alternativen (b), (c) und (d) sind richtig.

(g) Die Alternativen (a), (b) und (c) sind richtig.

(h) Keine der Alternativen (a) bis (g) ist richtig.

Aufgabe 29

Das gesamtwirtschaftliche Angebot ist durch folgende Funktion gegeben:

$P(Y) = 20 + 15 \cdot Y + Y^2$, für $0 \leq Y \leq 100$.

Die gesamtwirtschaftliche Nachfragefunktion lautet:

$P(Y) = 100 - Y$.

Das Preisniveau ist P und das Volkseinkommen wird mit Y bezeichnet (es gilt: $P \geq 0$, $Y \geq 0$).

Welchen Wert hat der Vektor $(P^*; Y^*)$, der Preisniveau und Volkseinkommen im gesamtwirtschaftlichen Gleichgewicht angibt?

(a) $(P^*; Y^*) = (76; 13)$

(b) $(P^*; Y^*) = (20; 80)$

(c) $(P^*; Y^*) = (95; 5)$

(d) $(P^*; Y^*) = (80; 20)$

(e) $(P^*; Y^*) = (96; 4)$

(f) Keine der Alternativen (a) bis (e) ist richtig.

Aufgabe 30

Das gleichgewichtige Volkseinkommen Y^* in der Situation von Aufgabe 29 liegt im...

(a) ...klassischen Bereich der gesamtwirtschaftlichen Angebotskurve.

(b) ...supply-side Bereich der gesamtwirtschaftlichen Angebotskurve.

(c) ...monetaristischen Bereich der gesamtwirtschaftlichen Angebotskurve.

(d) ...Okun-Bereich der gesamtwirtschaftlichen Angebotskurve.

(e) ...elastischen Bereich der gesamtwirtschaftlichen Nachfragekurve (d.h. der Betrag der Preiselastizität der Nachfrage ist größer als eins).

(f) Keine der Alternativen (a) bis (e) ist richtig.

III. Makroökonomische Theorie und Politik

Aufgabe 31

Welchen Wert hat die Preiselastizität der gesamtwirtschaftlichen Nachfragefunktion im gleichgewichtigen Preisniveau-Volkseinkommensvektor (P^*; Y^*) in der Situation von Aufgabe 29?

(a) −1

(b) −4

(c) −24

(d) −19

(e) −0,25

(f) Keine der Alternativen (a) bis (e) ist richtig.

Aufgabe 32

Nehmen Sie an, die neue aggregierte Nachfragefunktion in der Situation von obiger Aufgabe 29 sei nun $P(Y) = 100 - 0{,}5 \cdot Y$.

Wodurch ist der neue Preisniveau-Volkseinkommensvektor im gesamtwirtschaftlichen Gleichgewicht gekennzeichnet?

(a) Das Preisniveau ist niedriger und das Volkseinkommen ist höher.

(b) Preisniveau und Volkseinkommen sind höher als zuvor.

(c) Preisniveau und Volkseinkommen sind niedriger als zuvor.

(d) Das Preisniveau ist höher und das Volkseinkommen ist zurückgegangen.

(e) Der Preisniveau-Volkseinkommensvektor ist unverändert.

(f) Keine der Alternativen (a) bis (e) ist richtig.

Aufgabe 33

Die aggregierte Angebotsfunktion ist für den Bereich $0 \leq Y \leq 100$ gegeben durch $P(Y) = 10$. Dabei bezeichnen P bzw. Y wie üblich Preisniveau bzw. Volkseinkommen.

Die aggregierte Nachfragefunktion ist $P(Y) = 100 - Y$.

Welchen Wert hat der Preisniveau-Volkseinkommensvektor $(P^*; Y^*)$ im gesamtwirtschaftlichen Gleichgewicht?

(a) $(P^*; Y^*) = (0; 0)$

(b) $(P^*; Y^*) = (10; 100)$

(c) $(P^*; Y^*) = (10; 90)$

(d) $(P^*; Y^*) = (10; 110)$

(e) $(P^*; Y^*) = (20; 90)$

(f) Keine der Alternativen (a) bis (e) ist richtig.

Aufgabe 34

Wie hoch ist in Aufgabe 33 die Unterbeschäftigung in Einheiten des Outputs?

(a) 0

(b) 10

(c) −10 (Überbeschäftigung)

(d) 100

(e) Keine der Alternativen (a) bis (d) ist richtig.

Aufgabe 35

Die neue aggregierte Nachfragefunktion in der Situation von Aufgabe 33 sei $P(Y) = 110 - Y$. Kann damit eine mögliche Unterbeschäftigung beseitigt werden?

(a) Ja, bei konstantem Preisniveau.

(b) Ja, bei steigendem Preisniveau.

(c) Nein, bei konstantem Preisniveau.

(d) Nein, bei fallendem Preisniveau.

(e) Die Frage kann mit den vorliegenden Angaben nicht beantwortet werden.

Aufgabe 36

Die aggregierte Angebotsfunktion einer Volkswirtschaft lautet $P(Y) = 10 + 5 \cdot Y + 2 \cdot Y^2$ und die aggregierte Nachfragefunktion ist $P(Y) = 90 - Y$. P bezeichnet das Preisniveau, Y das Volkseinkommen. Die Kapazitätsgrenze der betrachteten Volkswirtschaft ist bei $Y = 90$ erreicht.

Welches gesamtwirtschaftliche Gleichgewicht $(P^*; Y^*)$ erreicht diese Volkswirtschaft?

(a) $(P^*; Y^*) = (3; 87)$

(b) $(P^*; Y^*) = (77; 13)$

(c) $(P^*; Y^*) = (85; 5)$

(d) $(P^*; Y^*) = (0; 90)$

(e) Keine der Alternativen (a) bis (d) ist richtig.

Aufgabe 37

Wie groß ist die Preiselastizität der aggregierten Nachfrage, wenn sich die in der vorhergehenden Aufgabe 36 beschriebene Volkswirtschaft im gesamtwirtschaftlichen Gleichgewicht befindet?

(a) −17

(b) −29

(c) −5,92

(d) 0

(e) −1

(f) Keine der Alternativen (a) bis (e) ist richtig.

Aufgabe 38

Gegeben sei folgende aggregierte Nachfragefunktion: $P = 60 - 2Y$

Die aggregierte Angebotsfunktion lautet: $Y = P/4$

Das Volkseinkommen wird mit Y, das Preisniveau mit P bezeichnet.

Welchen Wert hat die Preiselastizität des aggregierten Angebots im gesamtwirtschaftlichen Gleichgewicht?

(a) 1

(b) –1

(c) 1/4

(d) –4

(e) 1/10

(f) Keine der Alternativen (a) bis (e) ist richtig.

Aufgabe 39

Die gesamtwirtschaftliche Angebotsfunktion lautet:

$P(Y) = 30$, für $Y \in [0;40[$

$P(Y) = 10 + 0{,}5 \cdot Y$, für $Y \in [40;100[$

$P(Y) = 100 \cdot Y - 9.940$, für $Y \in [100;i)$

Das Preisniveau wird mit P, das Volkseinkommen mit Y bezeichnet. Die Kapazitätsgrenze der betrachteten Volkswirtschaft wird bei Y = 100 erreicht. Die gesamtwirtschaftliche Nachfragefunktion ist $P(Y) = 80 - 0{,}5 \cdot Y$.

Wie hoch ist der gleichgewichtige Preisniveau-Volkseinkommensvektor $(P^*; Y^*)$?

(a) $(P^*; Y^*) = (30; 100)$

(b) $(P^*; Y^*) = (45; 70)$

(c) $(P^*; Y^*) = (30{,}2; 99{,}7)$

(d) $(P^*; Y^*) = (40; 60)$

(e) $(P^*; Y^*) = (50; 80)$

(f) Keine der Alternativen (a) bis (e) ist richtig.

Aufgabe 40

Was besagt der Realkasseneffekt?

(a) Ein sinkendes Preisniveau führt zu einem höheren Realwert der Kassenbestände der Wirtschaftssubjekte.

(b) Bei steigendem Realeinkommen kommt es zu geringeren Konsumausgaben der Wirtschaftssubjekte.

(c) Ein steigendes Nominaleinkommen der Wirtschaftssubjekte erhöht bei konstantem Preisniveau den Realwert der Kassenbestände der Wirtschaftssubjekte, was zu vermehrten Konsumausgaben führt.

(d) Ein steigendes Preisniveau führt zu höheren Konsumausgaben, da die Wirtschaftssubjekte durch Flucht in Realwerte die Inflation umgehen wollen.

(e) Keine der Alternativen (a) bis (d) ist richtig.

Aufgabe 41

Was versteht man unter dem Begriff „Stagflation"?

(a) Den Mechanismus, der bei Keynes kurzfristig für rigide Preise und langfristig für flexible Löhne sorgt.

(b) Den Mechanismus, der in der Klassik für völlig flexible Löhne und Preise sorgt.

(c) Das makroökonomische Phänomen eines steigenden Preisniveaus bei steigendem realen Bruttoinlandsprodukt.

(d) Das makroökonomische Phänomen eines steigenden Preisniveaus bei sinkendem realen Bruttoinlandsprodukt.

(e) Den Mechanismus, der den in der Phillips-Kurve postulierten Zusammenhang erklärt.

(f) Die beiden Alternativen (d) und (e) sind richtig.

(g) Keine der Alternativen (a) bis (f) ist richtig.

13. Nachfrageorientierte Makroökonomik

Aufgabe 42

Gegeben ist die Konsumfunktion $C = C_0 + c \cdot Y$, wobei C_0 den autonomen Konsum und Y das Einkommen bezeichnet. Die Größe c ist konstant.

Welche der folgenden Aussagen ist dann zutreffend?

(a) Mit steigendem Einkommen steigt die durchschnittliche Konsumquote, die marginale Konsumquote bleibt konstant.

(b) Mit steigendem Einkommen verändert sich die durchschnittliche Konsumquote nicht.

(c) Mit steigendem Einkommen sinkt die durchschnittliche Konsumquote, während die marginale Konsumquote konstant bleibt.

(d) Die Funktion der durchschnittlichen Konsumquote in Abhängigkeit vom Einkommen verläuft linear.

(e) Keine der Aussagen (a) bis (d) ist zutreffend.

Aufgabe 43

Folgende ökonomischen Größen sind gegeben:

Verfügbares Einkommen	Konsum
2.500	2.400
2.900	2.700
3.800	3.400
4.800	4.140

Ermitteln Sie die marginalen Sparneigungen (die Ergebnisse sind auf zwei Nachkommastellen zu runden) und wählen Sie die richtige Alternative aus.

(a) (0,25; 0,22; 0,26)
(b) (0,04; 0,07; 0,11; 0,14)

Aufgabe 40

Was besagt der Realkasseneffekt?

(a) Ein sinkendes Preisniveau führt zu einem höheren Realwert der Kassenbestände der Wirtschaftssubjekte.

(b) Bei steigendem Realeinkommen kommt es zu geringeren Konsumausgaben der Wirtschaftssubjekte.

(c) Ein steigendes Nominaleinkommen der Wirtschaftssubjekte erhöht bei konstantem Preisniveau den Realwert der Kassenbestände der Wirtschaftssubjekte, was zu vermehrten Konsumausgaben führt.

(d) Ein steigendes Preisniveau führt zu höheren Konsumausgaben, da die Wirtschaftssubjekte durch Flucht in Realwerte die Inflation umgehen wollen.

(e) Keine der Alternativen (a) bis (d) ist richtig.

Aufgabe 41

Was versteht man unter dem Begriff „Stagflation"?

(a) Den Mechanismus, der bei Keynes kurzfristig für rigide Preise und langfristig für flexible Löhne sorgt.

(b) Den Mechanismus, der in der Klassik für völlig flexible Löhne und Preise sorgt.

(c) Das makroökonomische Phänomen eines steigenden Preisniveaus bei steigendem realen Bruttoinlandsprodukt.

(d) Das makroökonomische Phänomen eines steigenden Preisniveaus bei sinkendem realen Bruttoinlandsprodukt.

(e) Den Mechanismus, der den in der Phillips-Kurve postulierten Zusammenhang erklärt.

(f) Die beiden Alternativen (d) und (e) sind richtig.

(g) Keine der Alternativen (a) bis (f) ist richtig.

13. Nachfrageorientierte Makroökonomik

Aufgabe 42

Gegeben ist die Konsumfunktion $C = C_0 + c \cdot Y$, wobei C_0 den autonomen Konsum und Y das Einkommen bezeichnet. Die Größe c ist konstant.

Welche der folgenden Aussagen ist dann zutreffend?

(a) Mit steigendem Einkommen steigt die durchschnittliche Konsumquote, die marginale Konsumquote bleibt konstant.

(b) Mit steigendem Einkommen verändert sich die durchschnittliche Konsumquote nicht.

(c) Mit steigendem Einkommen sinkt die durchschnittliche Konsumquote, während die marginale Konsumquote konstant bleibt.

(d) Die Funktion der durchschnittlichen Konsumquote in Abhängigkeit vom Einkommen verläuft linear.

(e) Keine der Aussagen (a) bis (d) ist zutreffend.

Aufgabe 43

Folgende ökonomischen Größen sind gegeben:

Verfügbares Einkommen	Konsum
2.500	2.400
2.900	2.700
3.800	3.400
4.800	4.140

Ermitteln Sie die marginalen Sparneigungen (die Ergebnisse sind auf zwei Nachkommastellen zu runden) und wählen Sie die richtige Alternative aus.

(a) (0,25; 0,22; 0,26)

(b) (0,04; 0,07; 0,11; 0,14)

(c)   (0,75; 0,78; 0,74)

(d)   (0,96; 0,93; 0,89; 0,86)

(e)   Keine der angegebenen Lösungen ist richtig.

Aufgabe 44

Bei einem Einkommen von Null gibt eine Familie 2.000 Geldeinheiten (GE) für Konsum aus, bei einem Einkommen von 6.000 GE gibt sie 6.000 GE für Konsum aus.

Wie groß ist die marginale Konsumneigung bei einem Einkommen von 6.000 GE, wenn die Konsumfunktion linear verläuft?

(a)   2/3

(b)   3/4

(c)   4/5

(d)   1

(e)   Die marginale Konsumneigung ist größer als 1.

(f)   Keine der angegebenen Lösungen ist richtig.

Aufgabe 45

In einer geschlossenen Volkswirtschaft ohne Staat sinken die Investitionen um 75.000 Geldeinheiten (GE).

Wie groß ist die marginale Konsumneigung, wenn demzufolge das Inlandsprodukt um 300.000 GE sinkt?

(a)   1/3

(b)   1/4

(c)   2/3

(d)   3/4

(e)   Keine der angegebenen Lösungen ist richtig.

Aufgabe 46

In einer Volkswirtschaft liegen autonome Investitionen vor.

Welche Aussage zum Investitionsmultiplikator trifft dann zu (ceteris paribus)?

(a) Der Investitionsmultiplikator ist umso größer, je größer die marginale Sparneigung ist.

(b) Der Investitionsmultiplikator ist umso kleiner, je höher der Zinssatz ist.

(c) Der Investitionsmultiplikator ist umso größer, je größer die Grenzleistungsfähigkeit des Kapitals ist.

(d) Der Investitionsmultiplikator ist umso größer, je größer die marginale Konsumneigung ist.

(e) Keine der Aussagen (a) bis (d) trifft zu.

Aufgabe 47

Welche Wirkungen auf den Konsum C und das Sparen S sind zu erwarten, falls das Bruttoinlandsprodukt aufgrund fallender Investitionsausgaben sinkt?

(a) Konsumausgaben C und Sparen S steigen.

(b) Konsumausgaben C und Sparen S fallen.

(c) Konsumausgaben C steigen und Sparen S geht zurück.

(d) Konsumausgaben C fallen und Sparen S steigt.

(e) Weder Sparen S noch Konsumausgaben C verändern sich.

(f) Keine der Alternativen (a) bis (e) ist richtig.

Aufgabe 48

In einer geschlossenen Volkswirtschaft ohne Staat soll das gleichgewichtige Volkseinkommen um 20 Mrd. Geldeinheiten (GE) steigen.

Um welchen Betrag müssen dazu die Investitionsausgaben gesteigert werden, wenn die marginale Sparneigung 0,3 beträgt?

(a) 0 Mrd. GE

(b) 6 Mrd. GE

(c) 14 Mrd. GE

(d) 20 Mrd. GE

(e) 40 Mrd. GE

(f) Keine der Alternativen (a) bis (e) ist richtig.

Aufgabe 49

In einer geschlossenen Volkswirtschaft ohne Staat betragen die autonomen Investitionen 10 und die gesamtwirtschaftliche Sparfunktion ist $S(Y) = -23 + 0{,}3 \cdot Y$.

Wie hoch ist der Investitionsmultiplikator?

(a) -23

(b) $0{,}3$

(c) $0{,}7$

(d) 10

(e) $3{,}33$

(f) $6{,}5$

(g) Keine der Alternativen (a) bis (f) ist richtig.

Aufgabe 50

In einer geschlossenen Volkswirtschaft soll nachfolgende Keynesianische Konsumfunktion gelten: $C = C_0 + c(1-t)Y$. Dabei bezeichnet C_0 den autonomen Konsum, c die marginale Konsumneigung und t den marginalen Steuersatz. Ferner bezeichnet s die marginale Sparneigung und Y das Volkseinkommen.

Welcher Ausdruck steht dann für den Keynesianischen Multiplikator?

(a) $\dfrac{1}{1-(1-s)(1-t)}$

(b) $\dfrac{1}{1-ct}$

(c) $\dfrac{1}{(1-c)}$

(d) $\dfrac{1}{(1-c-t)}$

(e) Keine der Alternativen (a) bis (d) ist richtig.

Aufgabe 51

Es gelten weiterhin die Angaben aus der vorigen Aufgabe 50.

Wie groß ist die marginale Konsumneigung c, wenn der Steuersatz 0,4 ist, die Veränderung der Staatsausgaben 30 und die Veränderung des Volkseinkommens 50 beträgt.

(a) 3/5

(b) 5/3

(c) 3/2

(d) 2/3

(e) Keine der Alternativen (a) bis (d) ist richtig.

Aufgabe 52

Statistische Untersuchungen ergaben für eine Volkswirtschaft eine Konsumfunktion, deren Verlauf in Abbildung 15 dargestellt ist.

Welche Implikationen sind damit verbunden?

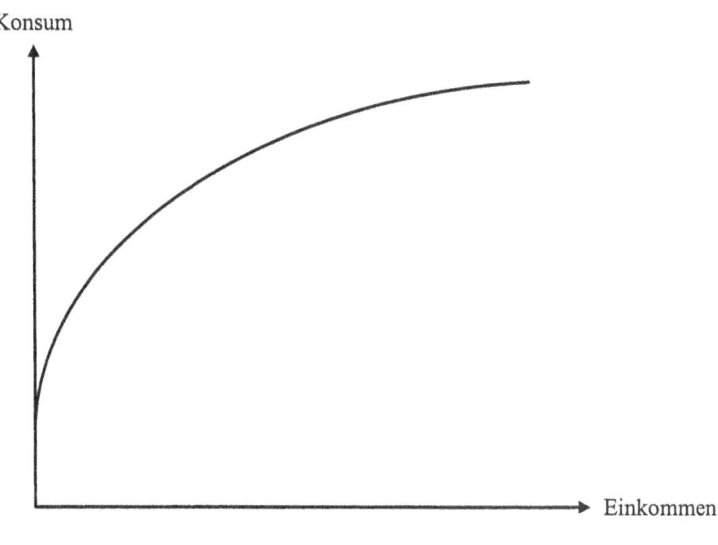

Abbildung 15

(a) Das Konzept des Multiplikators ist nicht anwendbar.

(b) Eine Steigerung der autonomen Investitionen führt zu keiner Steigerung des Inlandsprodukts, da die marginale Konsumneigung laufend abnimmt.

(c) Sowohl die marginale Konsumneigung als auch die marginale Sparneigung sind nicht berechenbar.

(d) Die marginale Sparneigung nimmt mit steigendem Einkommen zu.

(e) Sowohl die marginale Konsumneigung als auch die marginale Sparneigung nehmen mit wachsendem Einkommen zu.

(f) Keine der Alternativen (a) bis (e) trifft zu.

Aufgabe 53

In einer Volkswirtschaft ergibt sich für den Bereich $[0; Y_0]$ die in Abbildung 16 dargestellte Sparfunktion S. S steht für Sparen, das Volkseinkommen wird mit Y bezeichnet.

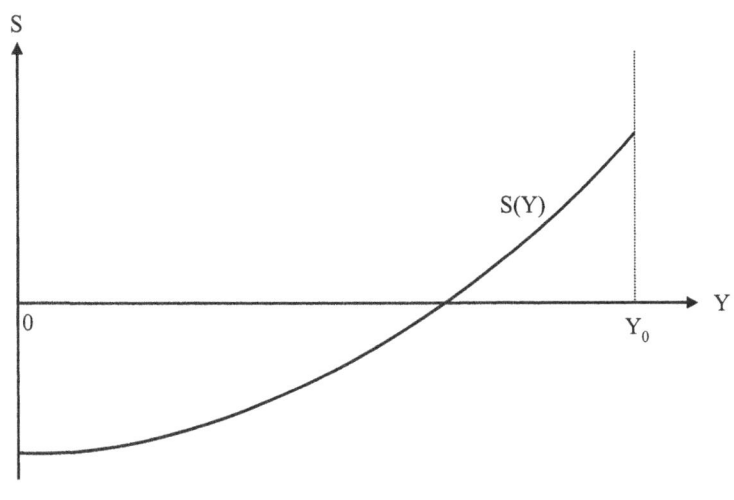

Abbildung 16

Welche der folgenden Aussagen zu dieser Sparfunktion ist zutreffend?

(a) Die marginale Konsumneigung nimmt mit steigendem Volkseinkommen zu.

(b) Die marginale Sparneigung verändert sich mit steigendem Volkseinkommen nicht.

(c) Die marginale Konsumneigung nimmt mit steigendem Volkseinkommen ab.

(d) Die marginale Sparneigung nimmt mit steigendem Volkseinkommen ab.

(e) Keine der Aussagen (a) bis (d) ist zutreffend.

Aufgabe 54

Vergleichen Sie die beiden Volkswirtschaften A und B, deren Sparfunktionen in folgender Abbildung 17 dargestellt sind.

In welcher der beiden Volkswirtschaften ist der Multiplikatoreffekt einer Staatsausgabentätigkeit größer, wenn für Volkswirtschaft A die Sparfunktion S_A gilt und für Volkswirtschaft B die Sparfunktion S_B vorliegt?

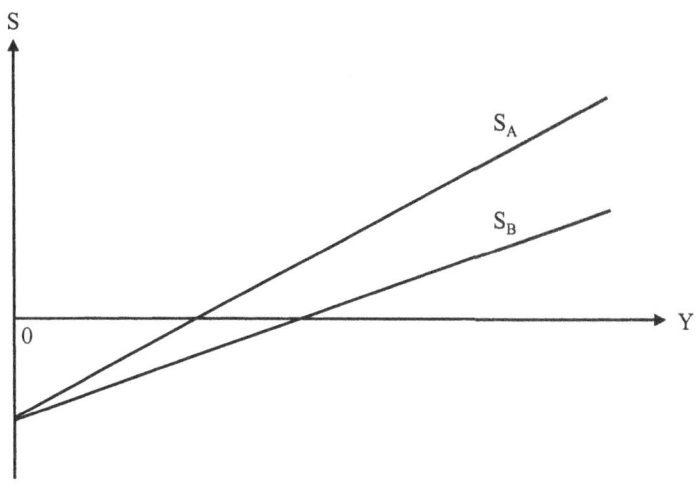

Abbildung 17

(a) Der Multiplikatoreffekt ist in Volkswirtschaft A größer.

(b) Der Multiplikatoreffekt ist in Volkswirtschaft B größer.

(c) Der Multiplikatoreffekt ist in beiden Volkswirtschaften identisch.

(d) Da sich die Sparfunktionen schneiden, ist keine Aussage möglich.

(e) Ein Multiplikatoreffekt der Staatsausgaben liegt auf keinen Fall vor.

(f) Keine der Alternativen (a) bis (e) ist richtig.

Aufgabe 55

In einer Volkswirtschaft liegt die in Abbildung 18 dargestellte Sparfunktion vor:

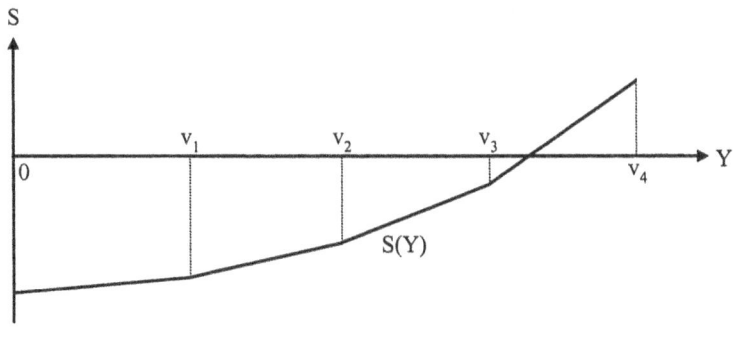

Abbildung 18

Für welchen Bereich des Volkseinkommens Y ist die marginale Konsumneigung am größten?

(a) $[0; v_1]$

(b) $]v_1; v_2]$

(c) $]v_2; v_3]$

(d) $]v_3; v_4]$

(e) Die marginale Konsumneigung ist in jedem der vier Bereiche gleich groß.

(f) Keine der Alternativen (a) bis (e) ist richtig.

Aufgabe 56

Welche Bedeutung hat der Schnittpunkt der Konsumfunktion mit der Winkelhalbierenden der ersten Quadranten bei der Bestimmung des Volkseinkommens in einem Zwei-Sektoren-Modell mit autonomen Investitionen?

(a) Er bestimmt diejenige Höhe des Bruttoinlandsproduktes, ab der die Investitionsausgaben I positiv werden.

(b) Es besteht ein Gleichgewicht zwischen Konsumausgaben C und Investitionen I.

(c) Das Bruttoinlandsprodukt Y ist im Gleichgewicht.

(d) Es liegt eine Identität zwischen Konsumausgaben C und Sparen S vor.

(e) Der Schnittpunkt hat keine besondere Bedeutung, solange die Investitionen nicht null sind.

(f) Keine der Alternativen (a) bis (e) ist richtig.

Aufgabe 57

In der nachstehenden Abbildung 19 bezeichnet $C(Y^v)$ die gesamtwirtschaftliche Konsumfunktion.

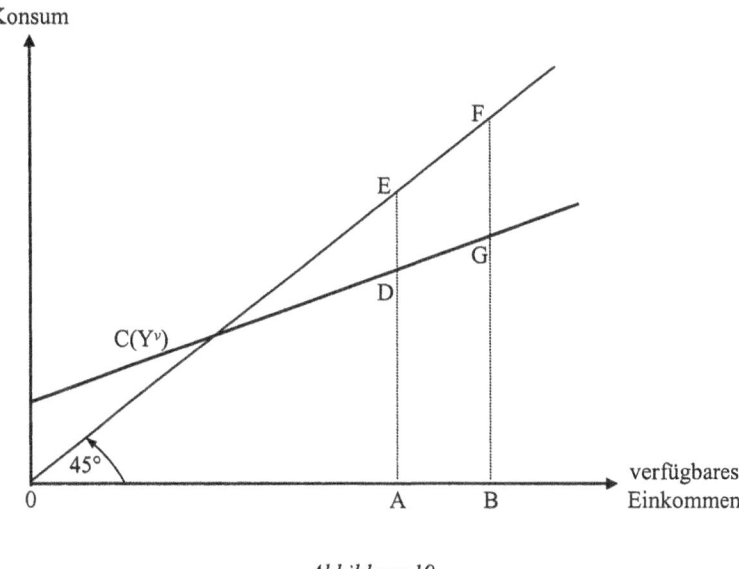

Abbildung 19

Wie hoch muss das verfügbare Einkommen Y^v sein, falls die Konsumausgaben AD betragen?

(a) AB

(b) EF

(c) AE

(d) BG

(e) Keine der Alternativen (a) bis (d) ist richtig.

Aufgabe 58

Welche Ursache hat die Veränderung der Konsumausgaben in Abbildung 19 von BG zu AD?

(a) Bei jeder Höhe des verfügbaren Einkommens wird weniger gespart und mehr für Konsum ausgegeben.

(b) Das verfügbare Einkommen ist von 0B auf 0A gesunken.

(c) Bei geringerem Einkommen wird mehr gespart und weniger ausgegeben.

(d) Die Alternativen (a), (b) und (c) sind richtig.

(e) Keine der Alternativen (a) bis (c) ist richtig.

Aufgabe 59

Für eine Volkswirtschaft gilt: $Y = C + I$. Das Volkseinkommen ist Y, C bezeichnet den Konsum und I die autonomen Investitionen. Die Volkswirtschaft befindet sich im Punkt E.

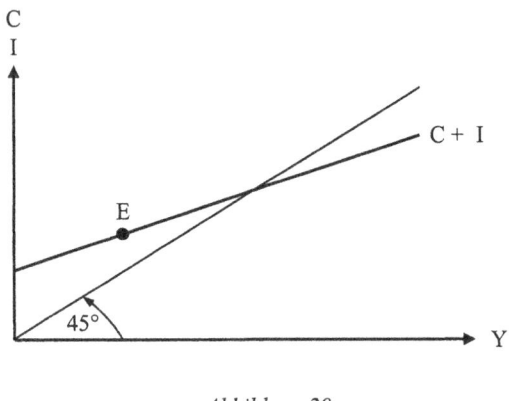

Abbildung 20

Prüfen Sie die Richtigkeit der folgenden Aussagen.

(1) Im Punkt E entspricht die aggregierte Nachfrage dem gleichgewichtigen Volkseinkommen.

(2) Im Punkt E ist die aggregierte Nachfrage kleiner als das aggregierte Angebot.

(3) Im Punkt E ist die aggregierte Nachfrage größer als das aggregierte Angebot.

(4) In dieser Volkswirtschaft kann sich nie ein Gleichgewicht einstellen.

(a) Nur Aussage (1) ist richtig.

(b) Nur Aussage (2) ist richtig.

(c) Nur Aussage (3) ist richtig.

(d) Nur Aussage (4) ist richtig.

(e) Aussagen (2) und (4) sind richtig.

(f) Aussagen (3) und (4) sind richtig.

(g) Alle vier obigen Aussagen sind richtig.

(h) Keine der Aussagen (1) bis (4) ist richtig.

Aufgabe 60

In einer geschlossenen Volkswirtschaft mit staatlicher Aktivität lautet die gesamtwirtschaftliche Sparfunktion $S(Y) = 0{,}1 \cdot Y - 100$. Die autonome Investitionsnachfrage I_0 ist 100 und die Staatsausgaben G haben den Wert 200.

Wie groß ist das Volkseinkommen im Gleichgewicht?

(a) 0

(b) 3.000

(c) 4.000

(d) 5.000

(e) 7.000

(f) 8.000

(g) Keine der Alternativen (a) bis (f) ist richtig.

Aufgabe 61

Nehmen Sie an, das vollbeschäftigte Volkseinkommen für die Volkswirtschaft aus der vorhergehenden Aufgabe 60 ist bei einem Wert von $Y^* = 5.000$ erreicht.

Um wie viel müssten die Staatsausgaben steigen, damit im gleichgewichtigen Volkseinkommen Vollbeschäftigung garantiert ist?

(a) 0

(b) 100

(c) 200

(d) 1.000

(e) 1.250

(f) 4.000

(g) Keine der Alternativen (a) bis (f) ist richtig.

Aufgabe 62

Die Investitionsnachfrage I in der Volkswirtschaft aus Aufgabe 60 wird nun nicht mehr autonom bestimmt, sondern sie hängt vom Marktzins r ab. Es gilt: I(r) = 10/r, mit 0 < r < 1. Die Staatsausgaben betragen wieder G = 200.

Bei welchem Marktzins wird der Vollbeschäftigungsoutput von $Y^* = 5.000$ erreicht?

(a) 0

(b) 0,05

(c) 0,01

(d) 0,02

(e) Keine der Alternativen (a) bis (d) ist richtig.

Aufgabe 63

Die Multiplikatorwirkung einer Erhöhung der Staatsausgaben um beispielsweise 10 Mrd. GE ist in der Keynesianischen Theorie größer als die einer gleich hohen Verringerung der Steuern.

Was ist die Ursache dafür?

(a) Die Staatsausgaben führen über Einkommenserhöhungen zu höheren Konsumausgaben.

(b) Die Verringerung der Steuereinnahmen um 10 Mrd. GE hat einen signifikant größeren Effekt auf das staatliche Haushaltsdefizit oder den Haushaltsüberschuss als eine Erhöhung der Staatsausgaben um 10 Mrd. GE.

(c) Eine Steuerverminderung wirkt sich direkt auf das verfügbare Einkommen der Konsumenten und die Ersparnis aus, wogegen sich eine Erhöhung der Staatsausgaben nur indirekt auswirkt.

(d) Eine Verminderung der Steuern um 10 Mrd. GE führt nicht zu einer Erhöhung der Konsumausgaben um den gleichen Betrag, weil Teile davon zusätzlich gespart werden.

(e) Keine der Alternativen (a) bis (d) ist richtig.

Aufgabe 64

In einer Volkswirtschaft wurde für die marginale Sparneigung ein Wert von 0,2 ermittelt. Die autonomen Investitionsausgaben in dieser Volkswirtschaft steigen nun um 6 Geldeinheiten (GE) und gleichzeitig erhöhen sich die Steuern (Pauschalsteuern) um 7 GE.

Um wie viel steigt bzw. sinkt dadurch das Volkseinkommen nach der Keynesianischen Multiplikatortheorie?

(a) +5,75 GE

(b) +2 GE

(c) +1,5 GE

(d) −0,75 GE

(e) −2 GE

(f) Keine der Alternativen (a) bis (e) ist richtig.

Aufgabe 65

Die ursprüngliche Konsumkurve einer Volkswirtschaft wird durch die Funktion C_A in Abbildung 21 dargestellt, die neue Konsumkurve ist durch C_B gegeben.

Welche Maßnahme seitens des Staates kann für die Veränderung der Konsumkurve verantwortlich sein?

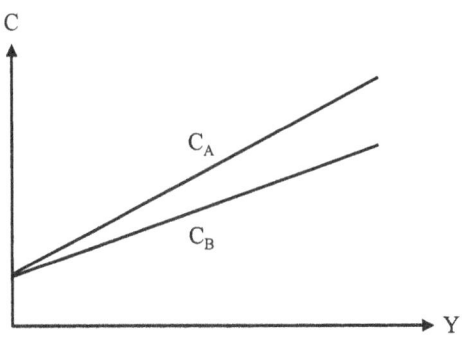

Abbildung 21

(a) Eine Erhöhung der autonomen Investitionen.

(b) Eine Erhöhung der Pauschalsteuern.

(c) Eine Senkung der Pauschalsteuern.

(d) Eine Erhebung einer Proportionalsteuer.

(e) Eine Senkung einer bestehenden Proportionalsteuer.

(f) Eine Erhöhung der Staatsausgaben.

(g) Keine der Alternativen (a) bis (f) ist richtig.

Aufgabe 66

Welche Wirkungen können in einer Volkswirtschaft auf das Bruttoinlandsprodukt und das Preisniveau ausgehen, wenn der Staat ceteris paribus die Ausgaben für Umweltschutz erheblich steigert, ohne die Steuern zu erhöhen?

(a) Bruttoinlandsprodukt und Preisniveau steigen.

(b) Bruttoinlandsprodukt und Preisniveau fallen.

(c) Bruttoinlandsprodukt und Preisniveau bleiben unverändert.

(d) Das Preisniveau steigt und das Bruttoinlandsprodukt sinkt.

(e) Keine der Alternativen (a) bis (d) ist richtig.

Aufgabe 67

Für eine Volkswirtschaft mit Staat und ohne Ausland gilt folgende Beziehung:

$Y = C + I + G$.

Das Volkseinkommen ist Y, der Konsum ist C, die autonomen Investitionen werden mit I und die autonomen Staatsausgaben mit G angegeben.

Der Konsum hängt wie folgt vom Volkseinkommen ab:

$C = c \cdot (1-t) \cdot Y$, wobei t den Steuersatz bezeichnet.

Der Steuersatz t wird nun um 10 Prozent angehoben. Es gilt: $t \in (0;1)$, $c \in (0;1)$.

Welche Aussage zur Konsumfunktion trifft zu, wenn c konstant ist?

(a) Die Konsumfunktion verschiebt sich parallel nach oben.

(b) Die Steigung der Konsumfunktion nimmt zu.

(c) Die Konsumfunktion verschiebt sich parallel nach unten.

(d) Die Steigung der Konsumfunktion nimmt ab.

(e) Keine der Alternativen (a) bis (d) ist richtig.

Aufgabe 68

Nehmen Sie an, für ein Land gilt die Keynes'sche aggregierte Angebotsfunktion, und die aggregierte Nachfrage hat einen linearen, fallenden Verlauf im Preisniveau-Output-Diagramm. Der Staat führt nun eine Steuerreform durch, die erhebliche Steuersenkungen bewirkt.

Wie wirkt sich diese Steuersenkung auf das Preisniveau und auf den gesamtwirtschaftlichen Output aus, wenn die betrachtete Volkswirtschaft zu keinem Zeitpunkt ihre Kapazitätsgrenze erreicht?

(a) Das Preisniveau steigt, der gesamtwirtschaftliche Output steigt ebenfalls.

(b) Das Preisniveau bleibt unverändert, der gesamtwirtschaftliche Output steigt.

(c) Weder Preisniveau noch gesamtwirtschaftlicher Output ändern sich.

(d) Das Preisniveau steigt, der gesamtwirtschaftliche Output bleibt unverändert.

(e) Die Kapazitätsgrenze erhöht sich.

(f) Keine der Alternativen (a) bis (e) ist richtig.

Aufgabe 69

Angenommen, die Regierung erhöht in einer vollbeschäftigten Volkswirtschaft die Staatsausgaben für Verteidigungszwecke um 15 Mrd. Geldeinheiten (GE). Gleichzeitig sollen zur Vermeidung einer potentiellen Inflation auch die Einkommensteuern erhöht werden.

Um welchen Betrag müssten die Steuern bei Zugrundelegung der Keynesianischen Multiplikatoren erhöht werden, damit sich das gleichgewichtige Volkseinkommen **nicht** verändert?

(a)   Die Steuern müssten um mehr als 15 Mrd. GE erhöht werden.

(b)   Die Steuern müssten um weniger als 15 Mrd. GE erhöht werden.

(c)   Die Steuern müssten um genau 15 Mrd. GE erhöht werden.

(d)   Die Steuern müssten unverändert bleiben.

(e)   Die Steuern können gesenkt werden.

(f)   Keine der Alternativen (a) bis (e) ist richtig.

Aufgabe 70

In einer geschlossenen Volkswirtschaft mit Staat soll das gleichgewichtige Volkseinkommen um 10 Mrd. Geldeinheiten (GE) steigen.

Um welchen Betrag müssen dazu die Staatsausgaben bei einer marginalen Sparneigung von 0,2 und einem Steuersatz von 0,5 gesteigert werden?

(a)   0 Mrd. GE

(b)   3 Mrd. GE

(c)   6 Mrd. GE

(d)   18 Mrd. GE

(e)   27 Mrd. GE

(f)   Keine der Alternativen (a) bis (e) ist richtig.

Aufgabe 71

In einer Volkswirtschaft mit reinen Pauschalsteuern (ohne Außenhandel) beträgt das gleichgewichtige Volkseinkommen 1.000 Geldeinheiten (GE), die Staatsausgaben 200 GE, die autonomen Nettoinvestitionen 350 GE und der autonome Konsum 65 GE. Die marginale Konsumquote beläuft sich auf 0,7.

Wie groß sind die Pauschalsteuern im Gleichgewicht?

(a) 750 GE

(b) 550 GE

(c) 50 GE

(d) 150 GE

(e) 250 GE

(f) 450 GE

(g) Keine der Alternativen (a) bis (f) ist richtig.

Aufgabe 72

In einer Volkswirtschaft, in der die autonomen Investitionen 140 Geldeinheiten (GE) und die Staatsausgaben 200 GE betragen, ist das Preisniveau konstant. Die Steuern betragen 200 GE. Alle weiteren relevanten Daten sind in GE in der folgenden Tabelle enthalten.

Volkseinkommen	Steuern	verfügbares Einkommen	Konsum
480	200	280	230
540	200	340	260
600	200	400	290
660	200	460	320
720	200	520	350

Für welches Volkseinkommen ergibt sich ein Gleichgewicht?

(a)   480 GE

(b)   540 GE

(c)   600 GE

(d)   660 GE

(e)   720 GE

(f)   Keine der Antworten (a) bis (e) ist richtig.

Aufgabe 73

Verwenden Sie die Angaben aus Aufgabe 72 und beantworten Sie die folgende Frage:

Wie groß ist die marginale Konsumneigung für die betrachtete Volkswirtschaft aus Aufgabe 72?

(a)   0,5

(b)   0,4

(c)   0,3

(d)   0,7

(e)   Keine der Antworten (a) bis (d) ist richtig.

Aufgabe 74

Welches der nachfolgend genannten Instrumente bzw. welches Merkmal des Fiskalsystems zählt zu den automatischen Stabilisatoren?

(a)   staatliche Beschäftigungsmaßnahmen

(b)   öffentliche Investitionsprogramme

(c)   ein progressives Steuersystem

(d)   Veränderungen im Bereich der Besteuerung

(e)   Keine der Alternativen (a) bis (d) ist richtig.

Aufgabe 75

Prüfen Sie die folgenden Aussagen zur diskretionären Fiskalpolitik auf ihre Richtigkeit.

(1) Diskretionäre Fiskalpolitik ist der nachfrageorientierten Makroökonomik zuzuordnen, während automatische Stabilisatoren zur angebotsorientierten Makroökonomik gehören.

(2) Ein wichtiges Instrument der diskretionären Fiskalpolitik ist das System der Sozialversicherung, welches je nach Konjunkturlage verändert und angepasst wird.

(3) Diskretionäre Fiskalpolitik birgt die Gefahr einer zunehmenden Staatsverschuldung.

(4) Manche Instrumente der diskretionären Fiskalpolitik erfordern eine lange Planungsphase, worunter die Flexibilität und auch die Wirksamkeit dieser Art von Fiskalpolitik leiden.

(a) Nur Aussage (2) ist richtig.

(b) Nur die Aussagen (1) und (2) sind richtig.

(c) Nur die Aussagen (3) und (4) sind richtig.

(d) Die Aussagen (1), (3) und (4) sind richtig.

(e) Alle Aussagen (1) bis (4) sind richtig.

(f) Keine der obigen vier Aussagen ist richtig.

14. Die Rolle des Geldes in der Makroökonomik

Aufgabe 76

Welche Gegenstände gehören **nicht** zum Warengeld, d.h. zu den Gebrauchsgütern, die Geldfunktionen erfüllen?

(a) Gold und Silber

(b) Diamanten

(c) Münzen

(d) Elfenbein

(e) Zigaretten

(f) Alle in den Alternativen (a) bis (e) genannten Gegenstände gehören zum Warengeld.

Aufgabe 77

Sind Zigaretten in einer Gesellschaft als Warengeld geeignet?

(a) Nein. Sie können nicht als Tauschmittel benutzt werden, weil sie auch konsumiert (geraucht) werden.

(b) Nein. Sie bieten keine Absicherung gegen die Inflation.

(c) Nein. Sie können nicht als Wertaufbewahrungsmittel dienen, weil sie nach einer gewissen Zeit verderben.

(d) Nein, denn es werden zu viele Zigaretten produziert.

(e) Ja. Allerdings basiert der Geldcharakter von Zigaretten dann auf entsprechenden Konventionen einer Gesellschaft.

(f) Keine der Alternativen (a) bis (e) ist richtig.

Aufgabe 78

Das Ausmaß der Buchgeldproduktion im Bankensystem ist von mehreren Faktoren abhängig. Welcher der nachfolgenden Faktoren beeinflusst die Buchgeldproduktion **nicht**?

(a)   Änderungen des Mindestreservesatzes.

(b)   Die Anzahl der nachfolgenden Banken im Prozess der Geldschöpfung.

(c)   Die Höhe der freiwillig gehaltenen Barreserve.

(d)   Der Umfang, in dem geliehenes Geld in das Bankensystem zurückströmt.

(e)   Alle in (a) bis (d) genannten Faktoren beeinflussen das Ausmaß der Buchgeldproduktion.

Aufgabe 79

In Abbildung 22 wird die Giralgeldproduktion dargestellt. Der „Kunde E" in der Graphik zahlt 1.250 Geldeinheiten (GE) in bar ein und jede beteiligte Bank leiht soviel Geld wie möglich wieder aus. Der Mindestreservesatz beträgt 20 Prozent und Bank C ist in dieser Wirtschaft die letzte Bank im Geldschöpfungsprozess, die das eingezahlte Geld nicht mehr ausleiht.

Um welchen Betrag ändert sich die Giralgeldmenge maximal?

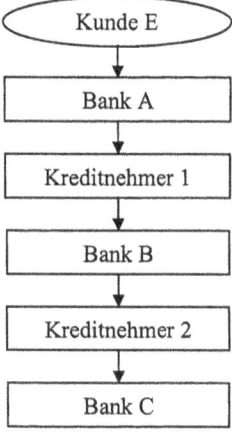

Abbildung 22

(a)   1.000 GE

(b)   1.800 GE

(c)   1.250 GE

(d)   6.250 GE

(e)   3.050 GE

(f) 3.210 GE

(g) Keine der Alternativen (a) bis (f) ist richtig.

Aufgabe 80

Nehmen Sie an, die EZB kauft Schuldverschreibungen der Bundesregierung im Wert von 1 Million Euro von einer Geschäftsbank. Die EZB bezahlt diese Schuldverschreibungen, indem sie der Bank den Betrag von 1 Million Euro als neue Reserven gutschreibt.

Wie hoch ist im oben beschriebenen Prozess der Betrag der maximalen Giralgeldschöpfung bei einem Reservesatz von 20 Prozent?

(a) 1.000.000 Euro

(b) 100.000 Euro

(c) 2.000.000 Euro

(d) 200.000 Euro

(e) 5.000.000 Euro

(f) Keine der Antworten (a) bis (e) ist richtig.

Aufgabe 81

Die in der vorigen Aufgabe beschriebene Maßnahme der EZB bezeichnet man als...

(a) ...Ordnungspolitik.

(b) ...Offenmarktpolitik.

(c) ...Währungspolitik.

(d) ...Mindestreservepolitik.

(e) ...Fiskalpolitik.

(f) Keine der Alternativen (a) bis (e) ist richtig.

Aufgabe 82

Eine Privatperson hebt bei einer Geschäftsbank, die außer der gesetzlich vorgeschriebenen Mindestreserve keine weiteren Reserven an Zentralbankgeld hält, 20.000 Geldeinheiten (GE) ab. Welchen Einfluss hat dieser Vorgang auf die Giralgeldmenge, wenn der Mindestreservesatz 16 Prozent beträgt?

(a) Die Giralgeldmenge sinkt um 320.000 GE.

(b) Die Giralgeldmenge steigt um 320.000 GE.

(c) Die Giralgeldmenge verändert sich nicht.

(d) Die Giralgeldmenge sinkt um 125.000 GE.

(e) Die Giralgeldmenge steigt um 125.000 GE.

(f) Keine der Alternativen (a) bis (e) ist richtig.

Aufgabe 83

Welche monetären Größen beinhaltet die Geldmenge M_2?

(a) Die Geldmenge M_1 plus Spareinlagen.

(b) Die Geldmenge M_3 abzüglich Bankschuldverschreibungen mit einer Laufzeit von bis zu zwei Jahren.

(c) Den Bargeldumlauf zuzüglich täglich fälliger Einlagen inländischer Nichtbanken bei monetären Finanzinstituten sowie abzüglich aller Geldkartenaufladungsgegenwerte.

(d) Die Summe aus Geldmenge M_3 und Geldmenge M_1.

(e) Die Geldmenge M_1 zuzüglich Termineinlagen bis zu zwei Jahren und Einlagen mit einer Kündigungsfrist von bis zu drei Monaten.

(f) Keine der Alternativen (a) bis (e) ist richtig.

Aufgabe 84

Welche Aussage über die Geldmengensteuerung trifft **nicht** zu?

(a) Mit der Mindestreservepolitik wird die Geldmenge M_3 gesteuert und es werden auch die Einlagen der Geschäftsbanken gesichert.

(b) Die Produktion des Münzgeldes liegt in den Händen des Bundes, vertreten durch die Bundesregierung.

(c) In Deutschland wird die Münzgeldmenge durch die Vorgabe der Europäischen Zentralbank geregelt.

(d) Bei Offenmarktgeschäften werden im Wesentlichen befristete Verpfändungen von Wertpapieren durch die Zentralbank durchgeführt.

(e) Durch die Erhöhung der Mindestreserve müssen die Geschäftsbanken mehr Buchgeld schaffen, um ihre Liquidität aufrechtzuerhalten.

(f) Alle Aussagen (a) bis (e) treffen zu.

Aufgabe 85

Dem System der Europäischen Zentralbanken (ESZB) obliegt die Geldmengensteuerung.

Welche der nachfolgenden Aussagen zum ESZB trifft **nicht** zu?

(a) Das ESZB legt die Geldpolitik der Gemeinschaft fest und führt sie aus.

(b) Das ESZB führt Devisengeschäfte durch.

(c) Das ESZB verwaltet die offiziellen Währungsreserven der Mitgliedsstaaten.

(d) Das ESZB stellt das reibungslose Funktionieren der Zahlungssysteme innerhalb der Gemeinschaft sicher.

(e) Das ESZB unterliegt seit dem Vertrag von Maastricht in hoheitlichen Gebieten dem Europäischen Parlament.

(f) Alle Aussagen (a) bis (e) treffen zu.

Aufgabe 86

Mit welchen der nachfolgenden Instrumente kann die EZB als wirtschaftspolitischer Einfluss auf die Volkswirtschaften im Euro-Währungsraum ausüben?

(1) Mit der Offenmarktpolitik.

(2) Mit der Mindestreservepolitik.

(3) Mit der Festsetzung der von Geschäftsbanken zu haltenden Barreserve.

(4) Mit Wettbewerbsbeschränkungen, um Geldschöpfung zu ermöglichen.

(a) Nur Alternative (1) ist richtig.

(b) Nur Alternative (2) ist richtig.

(c) Nur Alternative (3) ist richtig.

(d) Nur Alternative (4) ist richtig.

(e) Alternativen (1) und (2) sind richtig.

(f) Alternativen (1), (2) und (3) sind richtig.

(g) Keine der Alternativen (a) bis (f) ist richtig.

Aufgabe 87

Die Europäische Zentralbank möchte mit geldpolitischen Maßnahmen das wirtschaftliche Umfeld in Europa beeinflussen. Sie kann als Instrumente hierfür die Offenmarkt- und die Mindestreservepolitik einsetzen.

Worin besteht der Hauptunterschied zwischen der Offenmarkt- und der Mindestreservepolitik?

(a) Es gibt keinen Unterschied.

(b) Die Offenmarktpolitik zielt lediglich auf die Steuerung des Geldvolumens ab, die Mindestreservepolitik hat nur die Steuerung des Zinssatzes im Blick.

(c) Die Mindestreservepolitik bestimmt nur die Verzinsung der längerfristigen Mindestreserveeinlagen der Geschäftsbanken, die Offenmarktpolitik bestimmt die Verzinsung der kurzfristigen Wechselkredite.

(d) Die Mindestreservepolitik bestimmt den pauschalen Mindestreservebetrag der Geschäftsbanken, die Offenmarktpolitik legt das Geldvolumen fest.

(e) Die Mindestreservepolitik bestimmt die zu hinterlegende Mindestreserve, die Offenmarktpolitik steuert das Geldangebot und das allgemeine Zinsniveau in einer Volkswirtschaft.

(f) Keine der Aussagen (a) bis (e) ist zutreffend.

Aufgabe 88

Welche der nachfolgenden Alternativen ist richtig?

(a) Eine vollkommen zinsunelastische Geldangebotskurve im Zins-Geldmengen-Diagramm impliziert eine von der Zentralbank exogen vorgegebene Geldmenge.

(b) Je größer die Zinselastizität der angebotenen Geldmenge ist, desto stärker sinkt die nachgefragte Geldmenge bei einer Zinserhöhung (ceteris paribus).

(c) In der Keynes'schen Theorie führt eine Erhöhung der Geldmenge zu geringeren Zinsen, was eine Ausdehnung der Investitionen bewirkt (ceteris paribus).

(d) Der in (c) geschilderte Effekt ist nur gering, da in der Keynes'schen Theorie die Investitionen nur eine geringe Zinselastizität aufweisen.

(e) Alternativen (a), (b) und (d) sind richtig.

(f) Alternativen (a), (c) und (d) sind richtig.

(g) Keine der Alternativen (a) bis (f) ist richtig.

Aufgabe 89

Die Nachfrage nach Geld auf dem Geldmarkt bei konstantem nominalen Bruttoinlandsprodukt...

(a) ...steigt mit steigendem nominalen Zinssatz.

(b) ...steigt mit fallendem nominalen Zinssatz.

(c) ...fällt mit fallendem nominalen Zinssatz.

(d) ...steigt mit fallendem Nominaleinkommen.

(e) Keine der Alternativen (a) bis (d) ist richtig.

Aufgabe 90

Welche Aussage zur Zinselastizität der Geldnachfrage trifft zu?

(a) Je größer die Zinselastizität der Geldnachfrage ist, desto stärker sinkt der Zinssatz bei einer exogenen Ausdehnung der angebotenen Geldmenge.

(b) Je kleiner die Zinselastizität der Geldnachfrage ist, desto stärker steigt der Zinssatz bei einer exogenen Verknappung der angebotenen Geldmenge.

(c) Je größer die Zinselastizität der Geldnachfrage ist, desto stärker steigt der Zinssatz bei einer exogenen Ausdehnung der angebotenen Geldmenge.

(d) Je kleiner die Zinselastizität der Geldnachfrage ist, desto stärker sinkt der Zinssatz bei einer exogenen Verknappung der angebotenen Geldmenge.

(e) Keine der Aussagen (a) bis (d) trifft zu.

Aufgabe 91

In einer geschlossenen Volkswirtschaft mit Staat hängen die Investitionen sowie die Geldnachfrage negativ vom Zinssatz ab. Die Zentralbank erhöht das Geldangebot und der Geldmarkt befindet sich stets im Gleichgewicht.

Welche der folgenden Aussagen kann richtig sein, wenn sich das erhöhte Geldangebot weder auf die Staatsausgaben noch auf den Konsum auswirkt?

(a) Der Anstieg des realen Bruttoinlandsprodukts ist umso größer, je größer der Absolutbetrag der Zinselastizität der Geldnachfrage ist.

(b) Der Anstieg des realen Bruttoinlandsprodukts ist umso größer, je zinselastischer die Geldnachfrage ist.

(c) Der Anstieg des realen Bruttoinlandsprodukts ist umso kleiner, je größer der Absolutbetrag der Zinselastizität der Geldnachfrage ist.

(d) Der Anstieg des realen Bruttoinlandsprodukts ist umso kleiner, je kleiner der Absolutbetrag der Zinselastizität der Geldnachfrage ist.

(e) Keine der Aussagen (a) bis (d) trifft zu.

Aufgabe 92

In einer Volkswirtschaft befinden sich sowohl der Geld- als auch der Gütermarkt im Gleichgewicht. Auf dem Geldmarkt ist die Zinselastizität der Geldnachfragekurve negativ (aber größer minus unendlich), die Zinselastizität der Geldangebotskurve ist Null. Der Gütermarkt lässt sich durch die Situation der neoklassischen Synthese in der kurzen Frist kennzeichnen, wobei das gleichgewichtige Bruttoinlandsprodukt kleiner als das Bruttoinlandsprodukt bei Vollbeschäftigung ist. In dieser Ökonomie kommt es zu einer exogenen Erhöhung der Geldmenge durch die Zentralbank.

Welche der folgenden Effekte sind dann unter den üblichen ökonomischen Annahmen möglich?

(1) Der Zinssatz und die Investitionen steigen.

(2) Der Zinssatz sinkt und das Preisniveau steigt.

(3) Die aggregierte Angebotskurve verschiebt sich nach links.

(4) Die aggregierte Nachfrage steigt.

(5) Die Geldnachfragekurve verschiebt sich nach links.

(a) Nur Alternative (1) ist richtig.

(b) Nur Alternative (2) ist richtig.

(c) Nur Alternative (3) ist richtig.

(d) Nur Alternative (4) ist richtig.

(e) Nur Alternative (5) ist richtig.

(f) Nur die Alternativen (1) und (3) sind richtig.

(g) Nur die Alternativen (2) und (4) sind richtig.

(h) Keine der Alternativen (1) bis (5) ist richtig.

Aufgabe 93

Wie kann ein Budgetdefizit des Staates monetarisiert werden?

(a) Durch den Abbau von Subventionen.

(b) Durch eine Erhöhung der angebotenen Geldmenge.

(c) Durch eine Privatisierung von Staatsbetrieben.

(d) Durch eine Erhöhung der Sozialabgaben.

(e) Durch eine Einkommensteuerreform.

(f) Keine der Alternativen (a) bis (e) ist richtig.

Aufgabe 94

Die Geldnachfragefunktion MN eines Landes lautet: MN(Y, r) = 1.375 + 0,25·Y – 50·r.

Y bezeichnet das Volkseinkommen, r den Zinssatz. Das exogene Geldangebot MA beträgt 2.500. Wie hoch ist der gleichgewichtige Zinssatz r^* bei einem Volkseinkommen in Höhe von 7.000?

(a) 7,5 Prozent

(b) 5 Prozent

(c) 23 Prozent

(d) 13 Prozent

(e) 12,5 Prozent

(f) Keine der Alternativen (a) bis (e) ist richtig.

Aufgabe 95

Gegeben ist die Situation aus der vorhergehenden Aufgabe 94.

Der gleichgewichtige Zinssatz für ein gegebenes Volkseinkommen von Y = 7.000 wird mit r^* gekennzeichnet. Eine Ausdehnung der angebotenen Geldmenge MA von 2.500 auf 3.000 führt zu einem neuen gleichgewichtigen Zinssatz r^*_{neu}.

Welche der folgenden Alternativen (a) bis (d), in denen die beiden Zinssätze r^* und r^*_{neu} miteinander verglichen werden, ist richtig?

(a) $r^*_{neu} = [r^* \cdot (3.000/2.500)]$

(b) $r^*_{neu} = r^*$

(c) $r^*_{neu} < r^*$

(d) $r^*_{neu} > r^*$

(e) Keine der Alternativen (a) bis (e) ist richtig.

Aufgabe 96

Gemäß der Keynesianischen Geldtheorie gilt für die Geldnachfrage folgender Zusammenhang:

(1) Die Geldnachfrage hängt positiv vom Zinssatz und Einkommen ab.

(2) Die Geldnachfrage wird in erster Linie vom Einkommen und nur in geringem Maße vom Zinssatz beeinflusst.

(3) Die Steigung der Geldnachfragekurve im Zins-Geldmengen-Diagramm hat keinen Einfluss auf die Wirksamkeit der Fiskalpolitik.

(4) Die Zinselastizität der Geldnachfrage ist betragsmäßig gering.

(a) Nur Alternative (1) ist richtig.

(b) Nur Alternative (2) ist richtig.

(c) Nur Alternative (3) ist richtig.

(d) Nur Alternative (4) ist richtig.

(e) Nur die Alternativen (1) und (3) sind richtig.

(f) Nur die Alternativen (1), (3) und (4) sind richtig.

(g) Keine der Alternativen (1) bis (4) ist richtig.

Aufgabe 97

Was versteht man unter dem "Keynesianischen Transmissionsmechanismus"?

(a) Den Wirkungsablauf, der die geldwirtschaftliche Sphäre einer Ökonomie mit der realwirtschaftlichen verbindet.

(b) Den Wirkungsablauf, über den der Keynesianische Multiplikatoreffekt das Bruttoinlandsprodukt erhöht.

(c) Den Mechanismus, der in der Keynesianischen Theorie langfristig den Ausgleich von Angebot und Nachfrage bewirkt.

(d) Den Mechanismus, der in der Keynesianischen Theorie langfristig die Preise und Löhne flexibel werden lässt.

(e) Keine der Alternativen (a) bis (d) ist richtig.

Aufgabe 98

In einer Volkswirtschaft mit Geld- und Gütermarkt gelte die Keynes'sche Theorie. Die Zentralbank erhöht in dieser Volkswirtschaft die Geldmenge.

Welche Wirkungskette kann dies zur Folge haben, wenn sich die Volkswirtschaft stets im Gleichgewicht befindet?

(a) Zinssatz sinkt → Investitionen steigen → Volkseinkommen steigt → Geldnachfrage steigt → Zinssatz steigt

(b) Zinssatz sinkt → Investitionen steigen → Volkseinkommen steigt → Geldnachfrage steigt → Zinssatz sinkt

(c) Zinssatz steigt → Investitionen sinken → Volkseinkommen sinkt → Geldnachfrage sinkt → Zinssatz steigt

(d) Zinssatz sinkt → Investitionen steigen → Volkseinkommen steigt → Geldnachfrage sinkt → Zinssatz steigt

(e) Zinssatz steigt → Investitionen sinken → Volkseinkommen sinkt → Geldnachfrage sinkt → Zinssatz sinkt

(f) Zinssatz steigt → Investitionen steigen → Volkseinkommen steigt → Geldnachfrage steigt → Zinssatz steigt

(g) Keine der Alternativen (a) bis (f) ist richtig.

Aufgabe 99

Welche der nachfolgenden Aussagen bezüglich der Geldhaltungsmotive sind richtig?

(1) Gemäß der Auffassung der Monetaristen wird die Geldnachfrage in erster Linie vom Einkommen bestimmt.

(2) Gemäß der Auffassung der Keynesianer wird die Geldnachfrage in erster Linie durch das Transaktionsmotiv bestimmt.

(3) Die wichtigste Variable, die die Transaktionsnachfrage nach Geld bestimmt, ist die Höhe des Bruttoinlandsprodukts.

(4) Die Höhe des Zinssatzes hat keinen Einfluss auf die Geldmenge, die aufgrund des Vorsichtsmotivs nachgefragt wird.

(5) Neben dem Transaktions- und dem Vorsichtsmotiv beeinflusst das Handlungsmotiv die Geldnachfrage.

(a) Nur Aussage (1) ist richtig.

(b) Nur Aussage (2) ist richtig.

(c) Nur Aussage (3) ist richtig.

(d) Nur Aussage (4) ist richtig.

(e) Nur Aussage (5) ist richtig.

(f) Nur die Aussagen (1) und (3) sind richtig.

(g) Nur die Aussagen (3) und (4) sind richtig.

(h) Keine der Aussagen (1) bis (5) ist richtig.

Aufgabe 100

Prüfen Sie die folgenden vier Aussagen auf ihre Richtigkeit.

(1) Die Spekulationsnachfrage nach Geld ergibt sich aus der erwarteten Veränderung der Marktwerte für alternative Anlageformen.

(2) Bei einem hohen Zinssatz ist die Spekulationsnachfrage nach Geld ebenfalls hoch.

(3) Hohe Zinsen bedeuten, dass die Opportunitätskosten der Geldhaltung gering sind.

(4) Die Spekulationskasse eines Haushalts wird kleiner, wenn die Kurswerte für Anleihen gering sind.

(a) Nur Aussage (1) ist richtig.

(b) Nur die Aussagen (1) und (2) sind richtig.

(c) Die Aussagen (1) bis (3) sind richtig, Aussage (4) ist falsch.

(d) Nur die Aussagen (2) und (3) sind richtig.

(e) Nur die Aussagen (1) und (4) sind richtig.

(f) Keine der Aussagen (1) bis (4) ist richtig.

Aufgabe 101

Welche der folgenden Aussagen trifft nach Ansicht der Monetaristen zu?

(a) Die Geldnachfrage wird in erster Linie durch das Transaktionsmotiv bestimmt.

(b) Langfristig gehen von gestiegenen Staatsausgaben keine Wirkungen auf das reale Bruttoinlandsprodukt aus.

(c) Preise und Löhne sind zumindest in der langen Frist relativ flexibel.

(d) Keine der Alternativen (a), (b) und (c) trifft zu.

(e) Alle Alternativen (a), (b) und (c) treffen zu.

Aufgabe 102

Welche Aussage ist der Theorie des Monetarismus zuzuordnen?

(a) Das Geldangebot bestimmt das nominale Bruttoinlandsprodukt in der kurzen Frist.

(b) Das Geldangebot bestimmt das Preisniveau in der langen Frist.

(c) Die Fiskalpolitik ist vollkommen ineffektiv.

(d) Alle der Aussagen (a) bis (c) sind der Theorie des Monetarismus zuzuordnen.

(e) Keine der Aussagen (a) bis (d) ist der Theorie des Monetarismus zuzuordnen.

Aufgabe 103

Welche Maßnahme eignet sich nach Ansicht der Monetaristen am besten zur Bekämpfung einer Inflation?

(a) Eine Erhöhung der Geldmenge.

(b) Die Verstetigung des Geldmengenwachstums.

(c) Eine Senkung des Steuersatzes.

(d) Die Durchführung staatlicher Investitionsprogramme.

(e) Eine Erhöhung der Staatsausgaben.

(f) Keine der Alternativen (a) bis (e) ist richtig.

Aufgabe 104

Nach der Lehrmeinung der Monetaristen führt eine Erhöhung der Staatsausgaben zu einem so genannten *Crowding-out Effekt* privater Unternehmen.

Bitte prüfen Sie folgende vier Aussagen auf ihre Richtigkeit.

(1) Monetaristen gehen von einer hohen Zinselastizität der Investitionsnachfrage aus.

(2) Der *Crowding-out Effekt* hat zur Folge, dass die Wirkung gestiegener Staatsausgaben auf das Bruttoinlandsprodukt zumindest stark eingeschränkt wird.

(3) Eine Erhöhung der Staatsausgaben verursacht im monetaristischen System einen geringen Anstieg des Zinsniveaus.

(4) Der *Crowding-out Effekt* tritt im monetaristischen System nur dann ein, wenn die Geldangebotskurve sehr flach verläuft.

(a) Alle vier Aussagen sind richtig.

(b) Alle vier Aussagen sind falsch.

(c) Nur Aussage (2) ist richtig, die anderen drei Aussagen sind falsch.

(d) Die Aussagen (1) und (2) sind richtig, die Aussagen (3) und (4) sind falsch.

(e) Nur Aussage (3) ist richtig, die anderen Aussagen sind falsch.

(f) Die Aussagen (1) und (4) sind richtig, die Aussagen (2) und (3) sind falsch.

Aufgabe 105

In einer Volkswirtschaft stellt sich bei einer Geldnachfrage von $MN = 5$ Geldeinheiten (GE) ein Zinssatz von $r = 5$ Prozent ein. Das Volkseinkommen wird mit Y bezeichnet.

Welche der beiden folgenden Geldnachfragefunktionen (I) und (II) würde in einer solchen Situation eher die Keynesianische Theorie widerspiegeln?

(I) $MN(Y,r) = 10 + 0{,}125Y - 2{,}5\sqrt{r}$

(II) $MN(Y,r) = 10 + 0{,}125Y - 2{,}5r$

(a) Geldnachfragefunktion (I), weil die Zinselastizität der Geldnachfrage betragsmäßig kleiner ist als bei der Geldnachfragefunktion (II).

(b) Geldnachfragefunktion (II), weil die Zinselastizität der Geldnachfrage betragsmäßig größer ist als bei der Geldnachfragefunktion (I).

(c) Die Geldnachfrage in der Keynes'schen Theorie ist zinsunabhängig und der Verlauf der Geldnachfragefunktion spielt demnach keine Rolle.

(d) Da in der Keynes'schen Theorie eine vollkommen unelastische Geldnachfragefunktion angenommen wird, kommt keine der beiden Funktionen (I) und (II) als Keynes'sche Geldnachfragefunktion in Frage.

(e) Keine der Alternativen (a) bis (d) ist richtig.

Aufgabe 106

Welche der nachfolgenden Antworten gibt die Fisher'sche Verkehrsgleichung richtig wieder?

Hinweis: M bezeichnet die umlaufende Geldmenge, P das Preisniveau, Q das reale Bruttoinlandsprodukt und V die Umlaufgeschwindigkeit des Geldes.

(a) M·V = nominales Bruttoinlandsprodukt

(b) M·Q = V·P

(c) Die Geldschöpfung entspricht stets der Geldvernichtung.

(d) Die angebotene entspricht stets der nachgefragten Geldmenge.

(e) Die Alternativen (c) und (d) sind richtig.

(f) Die Alternativen (a) und (c) sind richtig.

(g) Keine der Alternativen (a) bis (f) ist richtig.

Aufgabe 107

Welche grundlegende Annahme wird in der älteren Quantitätstheorie des Geldes getroffen?

(a) Die Umlaufgeschwindigkeit des Geldes (V) und das nominale Bruttoinlandsprodukt sind konstant.

(b) Sowohl V als auch das reale Bruttoinlandsprodukt sind konstant.

(c) Nur V ist konstant.

(d) V und das Preisniveau sind konstant.

(e) Das Preisniveau ist stets stabil.

(f) Keine der Alternativen (a) bis (e) ist richtig.

Aufgabe 108

Mit Zufriedenheit stellt die Zentralbank fest, dass die Geldumlaufgeschwindigkeit in einer Volkswirtschaft bei konstantem Bruttoinlandsprodukt um zehn Prozent abgenommen hat.

Um wie viel Prozent kann sie, bei Unterstellung der monetaristischen Theorie, die Geldmenge erhöhen, ohne weder eine Inflation noch eine Deflation auszulösen?

(a) Die Geldmenge kann um mehr als zehn Prozent erhöht werden.

(b) Die Geldmenge kann nur um weniger als zehn Prozent erhöht werden.

(c) Die Geldmenge kann um genau zehn Prozent erhöht werden.

(d) Die Geldmenge muss gesenkt werden, um eine Inflation zu vermeiden.

(e) Mit den Angaben ist keine Aussage möglich.

Aufgabe 109

In einer geschlossenen Volkswirtschaft ohne Staat gelte die Fisher'sche Verkehrsgleichung. Die Geldmenge betrage M = 8, die Umlaufgeschwindigkeit sei V = 6. Die aggregierte Produktion erfolge gemäß der Produktionsfunktion $Y = L^{0,5}$, mit dem effektiven Arbeitseinsatz L = 16. Die Investitionsfunktion sei I = 1 − 20 i und die Sparfunktion sei S = 30 i. Der Zinssatz wird mit i bezeichnet.

Ermitteln Sie die Gleichgewichtswerte für das Preisniveau P, den Zinssatz i und den Konsum C.

(a) P = 12, i = 0,02, C = 3,4

(b) P = 10, i = 0,05, C = 2,6

(c) P = 8, i = 0,15, C = 3,5

(d) P = 13, i = 0,04, C = 1,5

(e) Keine der Alternativen (a) bis (d) ist richtig.

Aufgabe 110

Das reale Bruttoinlandsprodukt eines Landes wächst um drei Prozent.

Um wie viel Prozent muss gemäß der Quantitätstheorie des Geldes die Geldumlaufgeschwindigkeit ansteigen, damit ein Geldmengenwachstum von fünf Prozent keine inflationären Tendenzen hervorruft?

(a) 1,6 Prozent

(b) 0,6 Prozent

(c) 3 Prozent

(d) 0,5 Prozent

(e) 5/3 Prozent

(f) Keine der angegebenen Lösungen ist richtig.

Aufgabe 111

Die monetären Statistiken zweier Volkswirtschaften weisen die folgenden Daten in Geldeinheiten (GE) aus:

Volkswirtschaft 1	
Geldmenge	3.000.000
Geldumlaufgeschwindigkeit	200
Preisniveau	110

Volkswirtschaft 2	
Geldmenge	5.000.000
Geldumlaufgeschwindigkeit	300

Um wie viel Prozent muss in Volkswirtschaft 2 gemäß der Quantitätstheorie des Geldes das Preisniveau höher liegen als in Volkswirtschaft 1, wenn beide denselben realen Output erwirtschaften?

(a) Das Preisniveau in Volkswirtschaft 2 muss um 150 Prozent höher sein.

(b) Das Preisniveau in Volkswirtschaft 2 muss um 250 Prozent höher sein.

(c) Das Preisniveau in Volkswirtschaft 2 muss um 25 Prozent höher sein.

(d) Das Preisniveau in Volkswirtschaft 2 muss um 15 Prozent höher sein.

(e) Bei höherer Geldmenge und höherer Geldumlaufgeschwindigkeit kann das Preisniveau in Volkswirtschaft 2 nicht höher sein.

Aufgabe 112

Die Geldmenge M in einer Volkswirtschaft beträgt 600 Mrd. Euro und die Umlaufgeschwindigkeit des Geldes V ist 5. Um welchen Betrag muss M bei konstantem V wachsen, um eine Steigerung des realen Bruttoinlandsproduktes in Höhe von 25 Mrd. Euro zu erreichen?

(a) 5 Mrd. Euro

(b) 10 Mrd. Euro

(c) 25 Mrd. Euro

(d) Die Frage kann mit den vorliegenden Informationen nicht beantwortet werden.

(e) Keine der Alternativen (a) bis (d) ist richtig.

Aufgabe 113

Im Jahre 1 betrug die Geldmenge in einer Volkswirtschaft 1.000.000 GE. Die Zentralbank plant das optimale Geldmengenwachstum für das Jahr 2 und wendet die Quantitätstheorie des Geldes an.

Um wie viel Prozent darf die Geldmenge höchstens zunehmen, falls bei einem geschätzten realen Outputwachstum von vier Prozent eine Inflationsrate von zwei Prozent gerade noch toleriert wird?

(a) 1,96 Prozent

(b) 6,08 Prozent

(c) 9,83 Prozent

(d) 4,00 Prozent

(e) Mit diesen Angaben ist keine Aussage möglich.

(f) Keine der Alternativen (a) bis (e) ist richtig.

Aufgabe 114

Welche Maßnahme führt aus der Sicht der Monetaristen **nicht** zu einem Anstieg des nominalen Bruttoinlandsprodukts?

(a) Eine Erhöhung der Geldmenge durch die Offenmarktpolitik der EZB.

(b) Eine Erhöhung der Staatsausgaben.

(c) Eine Erhöhung der Geldumlaufgeschwindigkeit durch Innovationen im Bankensektor.

(d) Eine Erhöhung der Einkommensteuer.

(e) Keine der Alternativen (a) bis (d) ist richtig.

Aufgabe 115

Die nachfolgenden Aussagen (1) bis (4) beziehen sich auf die Wirksamkeit von Geld- und Fiskalpolitik als Instrumente zur Bekämpfung von Unterbeschäftigung.

Prüfen Sie, welche Aussagen zutreffend sind.

(1) Keynesianer ziehen die Fiskalpolitik vor, da die negativen Rückwirkungsmechanismen höherer Zinsen aufgrund der betragsmäßig geringen Zinselastizität der Investitionen zu vernachlässigen sind.

(2) Keynesianer ziehen die Fiskalpolitik vor, da aufgrund der betragsmäßig geringen Zinselastizität der Geldnachfrage eine Ausdehnung der Geldmenge nur geringen Einfluss auf das Zinsniveau hat.

(3) Monetaristen ziehen die Fiskalpolitik vor, da aufgrund der betragsmäßig großen Zinselastizität der Geldnachfrage Änderungen in der Geldmenge nur geringen Einfluss auf das Zinsniveau haben.

(4) Monetaristen ziehen kurzfristig die Geldpolitik vor, da aufgrund der betragsmäßig großen Zinselastizität der Geldnachfrage bereits kleine Veränderungen in der Geldmenge großen Einfluss auf das Zinsniveau haben.

(a) Nur Aussage (1) ist zutreffend.

(b) Nur Aussage (2) ist zutreffend.

(c) Nur Aussage (3) ist zutreffend.

(d) Nur Aussage (4) ist zutreffend.

(e) Nur die Aussagen (1) und (2) sind zutreffend.

(f) Nur die Aussagen (1) und (4) sind zutreffend.

(g) Nur die Aussagen (2) und (3) sind zutreffend.

(h) Keine der Aussagen (1) bis (4) ist zutreffend.

Aufgabe 116

Welche der nachfolgenden Aussagen ist zutreffend?

(a) Eine Erhöhung des Geldangebots führt in der Keynes'schen Theorie zu einer Verschiebung der Geldnachfragefunktion nach rechts und zu einem Anstieg des Zinssatzes.

(b) Der Keynes'sche Transmissionsmechanismus führt unter Berücksichtigung des Feedback-Prozesses zu einer geringeren Ausdehnung des Bruttoinlandsprodukts als bei Vernachlässigung des Feedback-Prozesses.

(c) Nach Auffassung der Monetaristen stellt der Zinssatz den bedeutendsten Bestimmungsgrund für die Geldnachfrage dar.

(d) Im Gegensatz zu den Monetaristen bevorzugen Keynesianer langfristig angelegte geldpolitische Maßnahmen.

(e) Keine der Aussagen (a) bis (d) ist zutreffend.

Aufgabe 117

Monetaristen und Keynesianer beurteilen die Wirksamkeit von Geld- und Fiskalpolitik kontrovers.

Welche der nachfolgenden Aussagen ist zutreffend, wenn diese beiden Lehrmeinungen beschrieben werden sollen?

(a) Keynesianer gehen von einer geringen Zinselastizität der Geldnachfrage und von einer hohen Zinselastizität der Investitionsnachfrage aus.

(b) Der Keynes'sche Transmissionsmechanismus ist lediglich dazu geeignet, Prozesse im Bereich des Geldmarktes aufzuzeigen, wie sie z.B. bei einer exogenen Zinsänderung auftreten.

(c) Monetaristen gehen von einer steilen Geldnachfragekurve aus, was auf eine geringe Zinselastizität der Geldnachfrage hinweist.

(d) Monetaristen sehen die Fiskalpolitik als besonders wirksam an, um die Wirtschaft anzukurbeln, da über den Multiplikatorprozess das Bruttoinlandsprodukt erheblich gesteigert werden kann.

(e) Keine der Aussagen (a) bis (d) ist zutreffend.

15. Die makroökonomische Bedeutung der Phillips-Kurve

Aufgabe 118

Prüfen Sie die Richtigkeit der nachfolgenden Aussagen.

(1) Die originäre Phillips-Kurve postuliert einen negativen Zusammenhang zwischen der Veränderung der Nominallohnsätze und der Arbeitslosenrate.

(2) Der Hysteresis-Effekt behauptet, dass negative Beschäftigungseffekte auch dann bestehen bleiben, wenn der ursprüngliche Impuls, der diese hervorgerufen hat, nicht mehr existiert.

(3) Gemäß dem Konzept der Arbeitslosenquote mit nichtakzelerierender Inflation besteht zwischen Inflation und Arbeitslosigkeit keine Beziehung, wie sie die Phillips-Kurve unterstellt.

(a) Nur Aussage (1) trifft zu.

(b) Nur Aussage (2) trifft zu.

(c) Nur Aussage (3) trifft zu.

(d) Nur die Aussagen (1) und (2) treffen zu.

(e) Nur die Aussagen (2) und (3) treffen zu.

(f) Alle Aussagen (1) bis (3) treffen zu.

(g) Keine der Aussagen (1) bis (3) trifft zu.

Aufgabe 119

Prüfen Sie die Richtigkeit der nachfolgenden Aussagen zur modifizierten Phillips-Kurve.

(1) Die modifizierte Phillips-Kurve postuliert einen positiven Zusammenhang zwischen der Veränderung der Nominallohnsätze und der Arbeitslosenrate.

(2) Die modifizierte Phillips-Kurve behauptet, dass kein Zusammenhang zwischen der Arbeitslosenrate und der Veränderung der Nominallohnsätze besteht.

(3) Die modifizierte Phillips-Kurve postuliert einen negativen Zusammenhang zwischen der Inflationsrate und der Arbeitslosenrate.

(4) Die modifizierte Phillips-Kurve postuliert einen direkten positiven Zusammenhang zwischen dem Geldmengenwachstum und der Inflationsrate.

(a) Nur Aussage (1) trifft zu.

(b) Nur Aussage (2) trifft zu.

(c) Nur Aussage (3) trifft zu.

(d) Nur Aussage (4) trifft zu.

(e) Nur die Aussagen (1) und (3) treffen zu.

(f) Nur die Aussagen (2) und (4) treffen zu.

(g) Keine der Aussagen (1) bis (4) trifft zu.

Aufgabe 120

Welche der folgenden Aussagen liefert eine Begründung für die von der modifizierten Phillips-Kurve aufgestellten ökonomischen Zusammenhänge?

(a) Das Lohnniveau hat nur geringe Auswirkungen auf das Preisniveau.

(b) In konjunkturellen Boom-Phasen sind Lohnerhöhungen leichter durchzusetzen.

(c) In einer Rezession müssen Unternehmen höhere Löhne anbieten, um die Beschäftigung zu erhöhen.

(d) Die Lohnentwicklung in einer Volkswirtschaft verläuft völlig unabhängig von der konjunkturellen Entwicklung.

(e) Keine der Aussagen (a) bis (d) trifft zu.

Aufgabe 121

Welche der nachfolgenden Aussagen zur Phillips-Kurve trifft zu?

(a) Die Phillips-Kurve stellt den Zusammenhang zwischen Arbeitslosenquote und Realzins her.

(b) Durch die modifizierte Phillips-Kurve wird die Lehrmeinung der Monetaristen bestätigt, dass in einer Volkswirtschaft entweder Inflation auftritt oder Arbeitslosigkeit besteht.

(c) Für die Wirtschaftspolitik besteht keine Möglichkeit, sowohl ein stabiles Preisniveau als auch eine geringe Arbeitslosenquote zu erreichen, wenn die Erkenntnisse der modifizierten Phillips-Kurve gelten.

(d) Die Phillips-Kurve beinhaltet die Annahme, dass das Lohnniveau im Zeitablauf stetig ansteigt, unabhängig von der Höhe der Arbeitslosigkeit eines Landes.

(e) Empirisch wurden die Zusammenhänge der Phillips-Kurve nicht nur in der Vergangenheit bestätigt, sie lassen sich auch bei Verwendung neuerer Daten bestätigen.

(f) Keine der Aussagen (a) bis (e) trifft zu.

Aufgabe 122

Es werden im Folgenden vier Aussagen zu makroökonomischen Themen getroffen.

(1) Unter Hysteresis werden vorübergehende Erhöhungen der Arbeitslosigkeit während einer Rezession verstanden.

(2) Die langfristige Phillips-Kurve verläuft flacher als die kurzfristige Phillips-Kurve.

(3) Bei rationalen Erwartungen der Wirtschaftssubjekte kann der Staat als wirtschaftspolitischer Akteur die Wirtschaftssubjekte im privaten Sektor über einen längeren Zeitraum hinweg systematisch täuschen.

(4) Falls adaptive Erwartungen der Marktteilnehmer angenommen werden, ist der langfristige Verlauf der Phillips-Kurve vertikal.

In welcher der Alternativen (a) bis (f) werden die obenstehenden Aussagen richtig beurteilt?

(a) Nur die Aussagen (1) und (2) treffen zu.

(b) Nur Aussage (1) trifft zu, die anderen drei Aussagen sind unzutreffend.

(c) Lediglich Aussage (4) trifft zu.

(d) Nur die Aussagen (2) und (3) treffen zu.

(e) Keine der Aussagen (1) bis (4) ist zutreffend.

(f) Alle der Aussagen (1) bis (4) sind zutreffend.

Aufgabe 123

Die volkswirtschaftliche Theorie kennt sowohl rationale als auch adaptive Erwartungen bei den Wirtschaftssubjekten.

Welche der nachfolgenden Aussagen zu diesen beiden Konzepten ist/sind zutreffend?

(1) Werden rationale Erwartungen unterstellt, lernen die Wirtschaftssubjekte aus den Fehlern, die ihnen in der Vergangenheit unterlaufen sind.

(2) Werden adaptive Erwartungen angenommen, sind die Erwartungen der Marktteilnehmer im Durchschnitt stets richtig.

(3) Falls den Marktteilnehmern rationale Erwartungen unterstellt werden, unterlaufen ihnen keine systematischen Fehler bei der Erwartungsbildung.

(4) Das Konzept der adaptiven Erwartungen geht davon aus, dass Wirtschaftssubjekte bei der Bildung von Erwartungen ihre bisherigen Prognosefehler berücksichtigen und die tatsächlichen Daten mit den Erwartungswerten vergleichen.

(a) Lediglich Aussage (1) trifft zu.

(b) Lediglich Aussage (2) trifft zu.

(c) Lediglich die Aussagen (3) und (4) sind zutreffend.

(d) Alle vier Aussagen sind zutreffend.

(e) Keine der vier obigen Aussagen ist zutreffend.

Aufgabe 124

Welcher der nachfolgend genannten Faktoren liefert **keine** Begründung für das Auftreten einer natürlichen Arbeitslosenrate?

(a) Die Immobilität von erwerbsfähigen Personen.

(b) Strukturelle Rigiditäten.

(c) Das vorübergehende Ausscheiden von Beschäftigten aus einem Arbeitsverhältnis.

(d) Das Auftreten von Sucharbeitslosigkeit.

(e) Expansive Konjunkturphasen.

(f) Keine der Alternativen (a) bis (d) ist richtig.

Aufgabe 125

Für eine Ökonomie gilt die Phillips-Kurvenbeziehung $\pi = 5 - 2 \cdot u$. Die Inflationsrate ist π und die Arbeitslosenrate ist u (beide Größen in Prozent).

Wie viel Prozent beträgt die natürliche Arbeitslosenrate?

(a) 0,2 Prozent

(b) 5 Prozent

(c) 0,5 Prozent

(d) 2,5 Prozent

(e) Keine der Alternativen (a) bis (d) ist richtig.

Aufgabe 126

Die Phillips-Kurve einer Volkswirtschaft wird beschrieben durch die Funktion $\pi(u) = 0{,}036/u$, mit der Inflationsrate π und der Arbeitslosenrate u.

Wie hoch ist die Substitutionselastizität zwischen Inflation und Arbeitslosigkeit bei einer Inflationsrate von 6 Prozent?

(a) 0

(b) –1/6

(c) –0,1

(d) –6

(e) –36

(f) Keine der Alternativen (a) bis (e) ist richtig.

Aufgabe 127

Die Phillips-Kurve in einer Volkswirtschaft ist durch die Funktion $\pi = 0{,}0032/u$ gegeben. Die Inflationsrate ist π und die Arbeitslosenrate wird mit u bezeichnet.

Wie hoch ist die Substitutionselastizität zwischen Inflation und Arbeitslosigkeit bei einer Inflationsrate von 4 Prozent und einer Arbeitslosenrate von 8 Prozent?

(a) −0,08

(b) −12,5

(c) −6,5

(d) −25

(e) −1

(f) −2

(g) Keine der Alternativen (a) bis (f) ist richtig.

Aufgabe 128

In einer Volkswirtschaft wird der Phillips-Kurvenzusammenhang durch die Funktion $\pi = 0{,}081/u^2$ beschrieben. Die Inflationsrate wird mit π, die Arbeitslosenrate mit u bezeichnet.

Wie hoch ist die Substitutionselastizität zwischen Inflation (Wirkungsgröße) und Arbeitslosigkeit (Ursachengröße)?

(a) −1/9

(b) −8/9

(c) −2

(d) −1

(e) Keine der Alternativen (a) bis (d) ist richtig.

Aufgabe 129

In der untenstehenden Abbildung 23 ist für eine bestimmte Volkswirtschaft der Zusammenhang zwischen Inflationsrate (π) und Arbeitslosenrate (u) eingezeichnet. Die Größe $\bar{u}$ bezeichnet die natürliche Arbeitslosenrate, PK_L ist die langfristige Phillips-Kurve, PK_i bezeichnet die kurzfristigen Phillips-Kurven in den jeweiligen Perioden i (es gilt: i = 1, 2, 3).

Welche der folgenden Aussagen ist in dem Zusammenhang richtig?

III. Makroökonomische Theorie und Politik 149

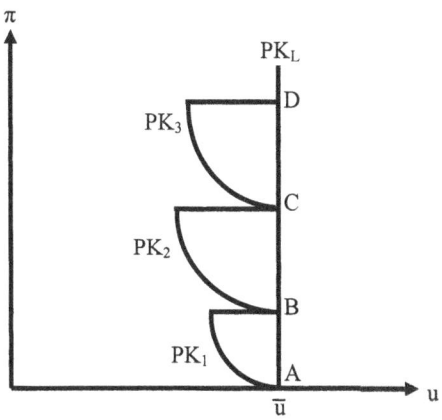

Abbildung 23

(a) Das obige Diagramm spiegelt Anpassungsprozesse wider, wobei die Akteure vollkommen rationale Erwartungen besitzen.

(b) Jeder Versuch, die natürliche Arbeitslosenrate langfristig zu reduzieren, wird erfolgreich sein.

(c) Indem man höhere Inflationsraten zulässt, kann man die Arbeitslosenrate dauerhaft senken.

(d) In der betrachteten Volkswirtschaft stimmen langfristig die erwarteten und die tatsächlichen Inflationsraten überein.

(e) Keine der Aussagen (a) bis (d) ist richtig.

Aufgabe 130

Gegeben sei eine Volkswirtschaft, in der die Wirtschaftssubjekte adaptive Erwartungen bezüglich der Inflationsrate π haben, d.h. es gilt $\pi_t^e = \pi_{t-1}^e + k(\pi_{t-1} - \pi_{t-1}^e)$, mit $k = 0{,}5$. Die tatsächliche Inflationsrate sei konstant und betrage $\pi_t = 5 \cdot 10^{-2}$.

In welcher der folgenden Antwortalternativen werden die Inflationserwartungen π_t^e für $t=1,\ldots,5$, mit $\pi_0^e = 3 \cdot 10^{-2}$ richtig berechnet?

(a) $\pi_1^e = 4 \cdot 10^{-2}$, $\pi_2^e = 4{,}75 \cdot 10^{-2}$, $\pi_3^e = 4{,}875 \cdot 10^{-2}$, $\pi_4^e = 4{,}975 \cdot 10^{-2}$, $\pi_5^e = 5 \cdot 10^{-2}$.

(b) $\pi_1^e = 4 \cdot 10^{-2}$, $\pi_2^e = 4{,}5 \cdot 10^{-2}$, $\pi_3^e = 4{,}75 \cdot 10^{-2}$, $\pi_4^e = 4{,}875 \cdot 10^{-2}$, $\pi_5^e = 4{,}9375 \cdot 10^{-2}$.

(c) $\pi_1^e = 4\cdot 10^{-2}, \pi_2^e = 4,55\cdot 10^{-2}, \pi_3^e = 4,65\cdot 10^{-2}, \pi_4^e = 4,785\cdot 10^{-2}, \pi_5^e = 4,95\cdot 10^{-2}$.

(d) $\pi_1^e = 4\cdot 10^{-2}, \pi_2^e = 4,25\cdot 10^{-2}, \pi_3^e = 4,5\cdot 10^{-2}, \pi_4^e = 4,85\cdot 10^{-2}, \pi_5^e = 4,75\cdot 10^{-2}$.

(e) Keine der Alternativen (a) bis (d) ist richtig.

Aufgabe 131

Wofür steht das Akronym NAIRU?

(a) Non-Accounting Inflation Rate of Unemployment

(b) Non-Achieving Inflation Rate of Unemployment

(c) Non-Accelerating Inflation Rate of Unemployment

(d) New Agreement on Inflation Rate and Unemployment

(e) Keine der Alternativen (a) bis (d) ist richtig.

Aufgabe 132

Nehmen Sie an, die NAIRU in einer bestimmten Volkswirtschaft betrage zwei Prozent. Welche Aussage zur NAIRU trifft dann zu?

(a) Ein Anstieg der NAIRU um ein Prozent senkt die Inflationsrate um zwei Prozent.

(b) Ein Anstieg der NAIRU um ein Prozent erhöht die Inflationsrate um zwei Prozent.

(c) Die NAIRU kann nicht erhöht oder gesenkt werden, da sie inflationsstabil ist.

(d) Zwischen der NAIRU und der Arbeitslosigkeit kann kein eindeutiger Zusammenhang festgestellt werden.

(e) Keine der Aussagen (a) bis (d) trifft zu.

Aufgabe 133

Stellen Sie sich eine Volkswirtschaft vor, die sich durch hohe Wachstumsraten des Bruttoinlandsprodukts sowie durch eine ausgeprägte Preisniveaustabilität beschreiben lässt. Die NAIRU dieses Landes beträgt fünf Prozent und ist derzeit erreicht.

Was passiert, wenn die Regierung nun versucht, die Nachfrage zusätzlich zu stimulieren?

Hinweis: Gehen Sie davon aus, dass das Konzept der NAIRU gilt!

(a) Es kommt zu einem weiteren Rückgang der Arbeitslosenquote und zu einer höheren Inflation, da die beiden Größen so zusammenhängen, wie dies in der Phillips-Kurve unterstellt wird.

(b) Es kommt zu einer Beschleunigung der Inflationsrate, über deren Ausmaß die Regierung keine exakten Schätzungen abgeben kann.

(c) Durch die nachfragestimulierenden Maßnahmen der Regierung wird sowohl die Inflationsrate abnehmen als auch die Arbeitslosenrate sinken.

(d) Da die beschriebene Volkswirtschaft bereits vor den Maßnahmen der Regierung expandierte, sind keine weiteren Verbesserungen der Beschäftigung und der Preisstabilität zu erwarten.

(e) Die Arbeitslosenrate wird nur geringfügig zurückgehen, wohingegen eine starke Reduzierung der Inflationsrate zu erwarten ist.

(f) Keine der obigen Aussagen (a) bis (e) trifft zu.

Aufgabe 134

In Abbildung 24 ist auf der Abszisse die Höhe der NAIRU einer Volkswirtschaft eingezeichnet. Leider wurden sämtliche Achsenbeschriftungen und Erläuterungen vergessen. Deshalb ist nicht klar, welche Entwicklungen in dieser Wirtschaft zu erwarten sind, wenn Werte links oder rechts von der NAIRU erreicht werden.

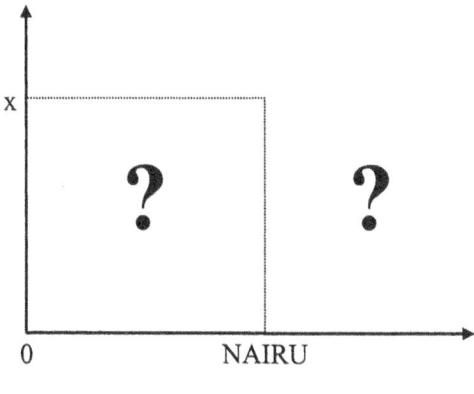

Abbildung 24

Geben Sie an, welche Aussage die Abbildung 24 passend beschreibt.

(a) Es existiert zu jedem Zeitpunkt eine Inflationsrate (NAIRU), die mit einer stabilen Arbeitslosenquote von x Prozent einhergeht; rechts von der NAIRU wird diese Arbeitslosenquote akzelerieren.

(b) Es existiert zu jedem Zeitpunkt eine Arbeitslosenrate (NAIRU), die mit einer stabilen Inflationsrate von x Prozent einhergeht; rechts von der NAIRU wird diese Inflationsrate akzelerieren.

(c) Es existiert zu jedem Zeitpunkt eine Inflationsrate (NAIRU), die mit einer stabilen Arbeitslosenquote von x Prozent einhergeht; rechts von der NAIRU wird diese Arbeitslosenquote akzelerieren.

(d) Es existiert zu jedem Zeitpunkt eine Arbeitslosenrate (NAIRU), die mit einer stabilen Inflationsrate von x Prozent einhergeht; links von der NAIRU wird diese Inflationsrate akzelerieren.

(e) Mit diesem Diagramm kann die NAIRU auf keinen Fall dargestellt werden.

(f) Keine der Aussagen (a) bis (e) ist richtig.

Aufgabe 135

Die USA haben während der Clinton-Präsidentschaft den längsten wirtschaftlichen Aufschwung ihrer Geschichte erfahren. Bemerkenswert ist dabei vor allem der hohe gesamtwirtschaftliche Produktivitätszuwachs.

Wie könnte sich dieser Produktivitätsanstieg auf die NAIRU ausgewirkt haben?

(a) Die NAIRU ist gestiegen.

(b) Die NAIRU ist gesunken.

(c) Die NAIRU blieb unverändert.

(d) Es kann auf keinen Fall eine Aussage über die mögliche Entwicklung der NAIRU getroffen werden.

(e) Keine der Alternativen (a) bis (d) ist richtig.

Aufgabe 136

Was versteht man in der Ökonomie unter Hysteresis-Effekten?

(a) Panikverkäufe bei Inflation.

(b) Ungleichgewichte auf den Finanzmärkten.

(c) Überstürzte Aktienverkäufe.

(d) Inflationsraten von über 20 Prozent pro Jahr.

(e) Keine der Alternativen (a) bis (d) ist richtig.

16. Angebotsorientierte Makroökonomik

Aufgabe 137

Was besagt das Say'sche Theorem?

(a) Mittel- und langfristig besteht auf allen Märkten ein Gleichgewicht im Sinne der Markträumung.

(b) Mittel- und langfristig gilt, dass das aggregierte Angebot stets größer ist als die aggregierte Nachfrage.

(c) Mittel- und langfristig gleichen sich das gesamtwirtschaftliche Angebot und die gesamtwirtschaftliche Nachfrage aus.

(d) Mittel- und langfristig führt technischer Fortschritt stets zu Arbeitslosigkeit.

(e) Keine der Alternativen (a) bis (d) ist richtig.

Aufgabe 138

Welche der folgenden Alternativen ist **kein** stilisiertes Faktum im Sinne von Kaldor?

(a) Die Kapitalintensität steigt kontinuierlich an.

(b) Die Anteile von Arbeit und Kapital am Volkseinkommen sind nahezu konstant.

(c) Der Kapitalkoeffizient sinkt langfristig.

(d) Die Entlohnung des Produktionsfaktors Kapital bleibt annähernd konstant.

(e) Alle Alternativen (a) bis (d) sind richtig.

(f) Keine der Alternativen (a) bis (e) ist richtig.

Aufgabe 139

Im Modell von Solow (1956) ist das Wachstum des Volkseinkommens mit dem Kapitaleinsatz verknüpft.

Welche der nachstehenden Aussagen liefert eine richtige Interpretation der Ergebnisse des Solow-Modells?

(1) Mit steigendem Kapitaleinsatz nimmt das Wachstum des Volkseinkommens aufgrund der steigenden Grenzproduktivität des Kapitals zu.

(2) Bei einer bestimmten Höhe des Kapitalstocks einer Volkswirtschaft werden mit den aus dem Sparaufkommen ermöglichten Investitionen die Abschreibungen des Kapitalstocks ausgeglichen.

(3) Sind in einer Volkswirtschaft die Abschreibungen des Kapitalstocks höher als die Investitionen, so verringert sich der Kapitalstock.

(4) Der Einfluss der marginalen Sparneigung auf das gesamtwirtschaftliche Wachstum ist im Solow-Modell zu vernachlässigen, da die Entwicklung von Volkswirtschaften vor allem durch die vorhandene Produktionsfunktion determiniert wird.

(a) Nur die Aussage (3) ist richtig.

(b) Lediglich die Aussagen (1) und (2) sind richtig.

(c) Lediglich die Aussagen (3) und (4) sind richtig.

(d) Lediglich die Aussagen (2) und (3) sind richtig.

(e) Alle vier Aussagen sind richtig.

(f) Keine der Aussagen (1) bis (4) ist richtig.

Aufgabe 140

Das Modell von Solow (1956) stellt einen neoklassischen Ansatz zur Erklärung des Wirtschaftswachstums dar.

Welche der nachfolgenden Aspekte spielt in diesem Modell eine Rolle?

(a) Das Auftreten zufälliger Technologieschocks, die sich auf den Arbeitsmarkt auswirken.

(b) Die Konstanz der Grenzproduktivität des Kapitals aufgrund von Wechselwirkungen zwischen physischem Kapital und Humankapital (learning-by-doing Effekt der Arbeitskräfte).

(c) Die Kapitalakkumulation bei abnehmender Grenzproduktivität des Kapitals.

(d) Die Kapitalakkumulation bei zunehmender Grenzproduktivität des Kapitals.

(e) Der endogene technologische Fortschritt.

(f) Keine der Alternativen (a) bis (e) ist richtig.

Aufgabe 141

In der makroökonomischen Theorie ist das Modell von Romer (1986) ein weit verbreiteter Ansatz zur Erklärung des Wirtschaftswachstums.

Welche ökonomischen Kräfte sind in diesem Modell für das Wachstum des Bruttoinlandsproduktes verantwortlich?

(a) Mehreinsatz des Produktionsfaktors Kapital und dadurch Zunahme der Herstellungsmenge von Gütern und Dienstleistungen.

(b) Exogener technischer Fortschritt.

(c) Konstante Grenzproduktivität des Kapitals aufgrund von Wechselwirkungen zwischen physischem Kapital und Humankapital (learning-by-doing Effekt der Arbeitskräfte).

(d) Produkt- und Prozessinnovationen, die durch dynamische Unternehmer hervorgebracht werden.

(e) Effizientere Nutzung der vorhandenen Ressourcen.

(f) Das Auftreten zufälliger Technologieschocks, deren Wirkung sich über den Arbeitsmarkt vollzieht.

(g) Keine der Alternativen (a) bis (f) ist richtig.

Aufgabe 142

Gegeben ist eine Volkswirtschaft mit folgender gesamtwirtschaftlicher Produktionsfunktion:

$Y_t = T \cdot K_t^{0.3} \cdot L_t^{0.7}$

Dabei wird das reale Bruttoinlandsprodukt mit Y, der Einsatzfaktor Kapital mit K und der Einsatzfaktor Arbeit mit L bezeichnet.

Das Technologieniveau T ist bei T = 5 fixiert und die Arbeitsausstattung ist mit L = 10.000 konstant vorgegeben. Die Sparquote s ist 10 Prozent und die Abschreibungsquote δ beträgt 5 Prozent. Wie groß ist die Wachstumsrate des Bruttoinlandsproduktes bei einem Kapitalstock von 10.000?

Hinweis: Das Ergebnis ist auf zwei Nachkommastellen zu runden.

(a) 0 Prozent

(b) 1 Prozent

(c) 3 Prozent

(d) 5 Prozent

(e) 10 Prozent

(f) 15 Prozent

(g) Keine der Alternativen (a) bis (f) ist richtig.

Aufgabe 143

In der Volkswirtschaft aus der vorhergehenden Aufgabe 142 beträgt der Kapitalstock nun 100.000, die restlichen Parameterwerte sind unverändert.

Wie groß ist bei diesem Kapitalstock die Wachstumsrate des realen Bruttoinlandsproduktes?

Das Ergebnis ist wiederum auf zwei Nachkommastellen zu runden.

(a) 0 Prozent

(b) 1 Prozent

(c) 3 Prozent

(d) 5 Prozent

(e) 10 Prozent

(f) 15 Prozent

(g) Keine der Antworten (a) bis (f) ist richtig.

Aufgabe 144

Bei welchem Kapitalstock erreicht die gegebene Volkswirtschaft aus Aufgabe 142 ihren steady-state, d.h. jenen Zustand, in dem das Wachstum des realen Bruttoinlandsproduktes zum Stillstand kommt?

(a) Der steady-state wird bei einem Kapitalstock erreicht, der kleiner als 10.000 ist.

(b) Der steady-state wird bei einem Kapitalstock von 10.000 erreicht.

(c) Der steady-state wird bei einem Kapitalstock von 50.000 erreicht.

(d) Der steady-state wird bei einem Kapitalstock von 100.000 erreicht.

(e) Der steady-state wird bei einem Kapitalstock von 200.000 erreicht.

(f) Der steady-state wird bei einem Kapitalstock erreicht, der größer als 200.000 ist.

(g) Keine der Alternativen (a) bis (f) ist richtig.

Aufgabe 145

Vergleichen Sie die Ergebnisse der Aufgaben 142 und 143.

Welche der im Folgenden genannten ökonomischen Kräfte spielt dann eine wesentliche Rolle für die Unterschiede in den Wachstumsraten des realen Bruttoinlandsproduktes?

(a) Ständig wiederkehrende Konjunkturzyklen in der betrachteten Volkswirtschaft.

(b) Positive Skalenerträge beider Inputfaktoren in der Produktionsfunktion.

(c) Eine abnehmende Grenzproduktivität des Kapitals.

(d) Endogener technischer Fortschritt.

(e) Keine der in den Alternativen (a) bis (d) angeführten ökonomischen Kräfte ist entscheidend für das Wachstum der betrachteten Volkswirtschaft.

Aufgabe 146

Vergleichen Sie das Solow-Modell mit dem Romer-Modell bezüglich der Konvergenz von Volkswirtschaften.

Welche der folgenden Aussagen ist dann zutreffend?

(a) Während das volkswirtschaftliche Wachstum im Solow-Modell immer kleiner wird, je weiter eine Wirtschaft von ihrem steady-state entfernt ist, nimmt im Romer-Modell das Volkseinkommen stets in gleichem Maße zu wie der Kapitalstock (unabhängig von der absoluten Höhe des Kapitalstocks).

(b) In beiden Modellen wird angenommen, dass der technologische Fortschritt eine endogene Größe ist.

(c) Im Gegensatz zum Romer-Modell, in dem der Aufbau von Humankapital eine entscheidende Rolle für das Wachstum von Volkswirtschaften spielt, basiert das Modell von Solow auf der Exogenität des technischen Fortschritts.

(d) In beiden Modellen wird der Wachstumsprozess von denselben ökonomischen Größen determiniert, lediglich die formale Darstellung ist unterschiedlich.

(e) Keine der Aussagen (a) bis (d) ist zutreffend.

Aufgabe 147

Welche Aussage zur Konjunkturtheorie von Schumpeter ist zutreffend?

(a) Die Hauptrolle in dieser Theorie spielen zyklisch schwankende Inflationsraten, die durch die Wachstumsraten der Preise bestimmt werden.

(b) Die Hauptrolle in dieser Theorie spielen kurzfristig zwar fixe, langfristig jedoch flexible Löhne und Preise.

(c) Die Hauptrolle in dieser Theorie spielen zyklisch auftretende Innovationen, die von dynamischen Unternehmern getätigt werden.

(d) Die Hauptrolle in dieser Theorie spielen intertemporale Substitutionseffekte zwischen Konsum und Freizeit.

(e) Die Aussagen (a) bis (c) treffen zu.

(f) Die Aussagen (a), (c) und (d) treffen zu, während die Aussage (b) unzutreffend ist.

(g) Keine der Alternativen (a) bis (f) ist richtig.

Aufgabe 148

Prüfen Sie die Richtigkeit der folgenden Aussagen (1) bis (4) zur Schumpeterianischen Wachstumstheorie.

(1) Kennzeichnend für die Schumpeterianische Wachstumstheorie ist, dass sie ausschließlich mit Aggregatgrößen argumentiert.

(2) Der technische Fortschritt ist ein endogenes Phänomen.

(3) Der technische Fortschritt ist für das Wachstum irrelevant.

(4) Wachstum ist ein makroökonomisches Phänomen, welches nicht mit mikroökonomischem Handeln in Verbindung gebracht werden kann.

(a) Nur Aussage (1) ist zutreffend.

(b) Nur Aussage (2) ist zutreffend.

(c) Nur Aussage (3) ist zutreffend.

(d) Nur Aussage (4) ist zutreffend.

(e) Nur die Aussagen (1) und (3) sind zutreffend.

(f) Nur die Aussagen (2) und (4) sind zutreffend.

(g) Alle der obigen Aussagen (1) bis (4) sind zutreffend.

(h) Keine der Aussagen (1) bis (4) ist zutreffend.

Aufgabe 149

Lange Wellen der wirtschaftlichen Entwicklung werden erzeugt durch...

(a) ...den Treibhauseffekt.

(b) ...die Teilnahme an der Europäischen Wirtschafts- und Währungsunion.

(c) ...Basisinnovationen.

(d) ...die Bereitstellung öffentlicher Güter.

(e) Keine der Alternativen (a) bis (d) ist richtig.

Aufgabe 150

Als Maßzahl für die Entwicklung von Volkswirtschaften wird oftmals die totale Faktorproduktivität herangezogen.

Was gibt diese Kennzahl an?

(a) Die totale Faktorproduktivität misst, welcher Anteil des Outputwachstums auf den vermehrten Einsatz der Produktionsfaktoren zurückzuführen ist.

(b) Die totale Faktorproduktivität gibt an, um wie viel Prozent sich der Bestand der Produktionsfaktoren infolge einer Erhöhung des gesamtwirtschaftlichen Outputs erhöht hat.

(c) Die totale Faktorproduktivität gibt die prozentuale Veränderung des Outputs infolge der Produktivitätsveränderung aller Einsatzfaktoren an.

(d) Das Verhältnis von realem Output pro Kapitaleinheit wird durch die totale Faktorproduktivität angegeben.

(e) Keine der Alternativen (a) bis (d) ist richtig.

Aufgabe 151

Nehmen Sie an, in einem neoklassischen Wachstumsmodell beträgt die Wachstumsrate des Outputs einer Volkswirtschaft 4,8 Prozent, die Wachstumsrate des Kapitals 6 Prozent und die Wachstumsrate des Arbeitsinputs beträgt 2 Prozent. Der Anteil des Kapitals an der Produktion ist 0,3 und der Anteil des Faktors Arbeit beträgt 0,7.

Welcher Wert ergibt sich für die Wachstumsrate der totalen Faktorproduktivität, wenn als Produktionsfaktoren nur Arbeit und Kapital verwendet werden?

(a) 0,8 Prozent

(b) 1 Prozent

(c) 1,6 Prozent

(d) 8 Prozent

(e) 0 Prozent

(f) Keine der Alternativen (a) bis (e) ist richtig.

Aufgabe 152

Was gibt die Arbeitsproduktivität an?

(a) Sie gibt an, wie viel Arbeitseinsatz notwendig ist, um eine Einheit des Outputs eines bestimmten Gutes zu erzeugen.

(b) Sie gibt an, welche Outputmenge eines bestimmten Gutes erzeugt werden kann, wenn eine Einheit des Produktionsfaktors Arbeit eingesetzt wird.

(c) Sie gibt die Wachstumsrate des Produktionsfaktors Arbeit über einen gewissen Zeitraum an.

(d) Sie gibt die prozentuale Änderung des Outputs an, wenn der Arbeitseinsatz in der Produktion um ein Prozent erhöht wird.

(e) Keine der Alternativen (a) bis (d) ist richtig.

Aufgabe 153

Welche der folgenden Alternativen ist **kein** stilisiertes Faktum der Konjunkturtheorie?

(a) Der private Konsum ist prozyklisch und phasengleich zum Referenzzyklus.

(b) Die Entwicklung der Arbeitslosenzahl ist antizyklisch und phasengleich.

(c) Die Preisindizes für den privaten Verbrauch und für das BIP entwickeln sich prozyklisch.

(d) Die Reallöhne verhalten sich prozyklisch.

(e) Alle Alternativen (a) bis (d) sind richtig.

Aufgabe 154

Die untenstehende Abbildung 25 zeigt zwei stilisierte Zeitreihen: zum einen die Zeitreihe des realen Bruttoinlandsprodukts (durchgezogene Linie) und zum anderen eine Zeitreihe, die antizyklisch zur Entwicklung des realen Bruttoinlandsprodukts verläuft.

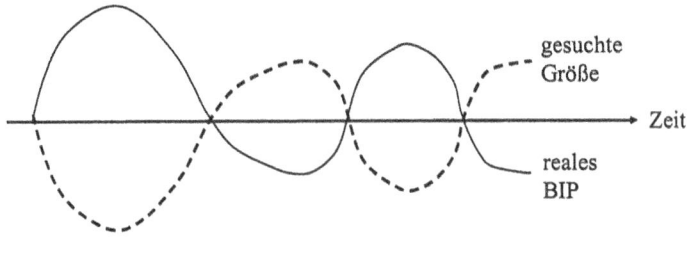

Abbildung 25

Um welche ökonomische Größe könnte es sich im letzteren Falle handeln?

(a) Auftragseingänge der Unternehmen

(b) Lohnentwicklung

(c) Preisniveau

(d) Steueraufkommen

(e) Keine der Alternativen (a) bis (d) ist richtig.

Aufgabe 155

Die untenstehende Abbildung 26 zeigt zwei stilisierte Zeitreihen: zum einen die Zeitreihe des realen Bruttoinlandsprodukts (durchgezogene Linie) und zum anderen eine Zeitreihe, die der Entwicklung des realen Bruttoinlandsprodukts vorläuft.

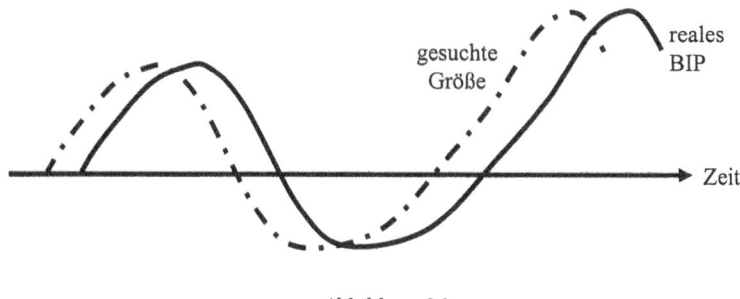

Abbildung 26

Um welche ökonomische Größe könnte es sich im letzteren Falle handeln?

(a) Arbeitslosenrate

(b) Auftragseingänge der Unternehmen

(c) Preisniveau

(d) Steueraufkommen

(e) Keine der Alternativen (a) bis (d) ist richtig.

Aufgabe 156

Die Theorie der Realen Konjunkturzyklen (RBC-Theorie) stellt eine der zentralen Konjunkturtheorien dar, welche die moderne Wirtschaftswissenschaft kennt.

Welche der folgenden Aussagen zur Beschreibung dieser Lehrmeinung ist zutreffend?

(a) RBC-Modelle sind der evolutorischen Ökonomik zuzuordnen, wobei die Erklärung von Wachstumsphänomenen auf Unternehmensebene im Vordergrund steht.

(b) Für die RBC-Theorie ist die Analyse der Auswirkungen von technologischen Schocks auf das Effizienzniveau von Volkswirtschaften zentral.

(c) Wie der Keynesianismus ist die Theorie der RBC ebenfalls nachfrageorientiert und sieht die Fiskalpolitik als besonders wirksam an, um den Konjunkturverlauf einer Volkswirtschaft zu stabilisieren.

(d) Der Ansatz der Realen Konjunkturzyklen liefert vor allem für den Arbeitsmarkt Ergebnisse, die sich empirisch sehr gut bestätigen lassen, wogegen diese Theorie Schwächen bei der Analyse der Gütermärkte zeigt.

(e) Keine der Aussagen (a) bis (d) ist zutreffend.

Aufgabe 157

Welche der nachfolgenden Aussagen bezüglich der Theorie der Realen Konjunkturzyklen (RBC-Theorie) ist zutreffend?

(a) Die wesentliche Rolle in dieser Theorie spielen kurzfristig zwar fixe, langfristig jedoch flexible Löhne und Preise.

(b) Eine wesentliche Rolle spielt die technologische Entwicklung einer Volkswirtschaft, die zu Schwankungen in der Produktivität führt.

(c) Eine wesentliche Rolle spielt die Inflationsrate, die in einer umgekehrt proportionalen Beziehung zur Arbeitslosenrate steht.

(d) Die RBC-Theorie ist äquivalent zur Konjunkturtheorie von Schumpeter.

(e) Eine wesentliche Rolle spielt die umlaufende Geldmenge, die über die (konstante) Umlaufgeschwindigkeit das nominale Bruttoinlandsprodukt bestimmt.

(f) Eine wesentliche Rolle spielt die Laffer-Kurve, die die Höhe des optimalen Steuersatzes und somit das Aktivitätsniveau in einer Volkswirtschaft bestimmt.

(g) Keine der Aussagen (a) bis (f) ist zutreffend.

Aufgabe 158

Was besagt das Gesetz von Okun?

(a) Die Differenz zwischen tatsächlicher und natürlicher Arbeitslosenquote ist umso geringer, je größer die Lücke zwischen tatsächlicher und potentieller Produktion in einer Volkswirtschaft ist.

(b) Die Inflationsrate ist umso geringer, je geringer die Produktion in einer Volkswirtschaft ist.

(c) Die Fiskalpolitik ist der Geldpolitik zur Bekämpfung anhaltender Unterbeschäftigung vorzuziehen.

(d) Die Inflationsrate ist umso größer, je geringer die Differenz zwischen tatsächlicher und potentieller Produktion in einer Volkswirtschaft ist.

(e) Die Differenz zwischen tatsächlicher und natürlicher Arbeitslosenquote ist umso größer, je größer die Differenz zwischen tatsächlicher und potentieller Produktion in einer Volkswirtschaft ist.

(f) Keine der Aussagen (a) bis (e) trifft zu.

Aufgabe 159

Das Gesetz von Okun sei folgendermaßen formalisiert dargestellt:

$u - \bar{u} = \alpha \cdot (\overline{BIP} - BIP)$, $\alpha > 0$.

Dabei wird mit u die tatsächliche Arbeitslosenquote, mit $\bar{u}$ die natürliche Arbeitslosenquote, mit $\overline{BIP}$ das potentielle Bruttoinlandsprodukt und mit BIP das tatsächliche Bruttoinlandsprodukt bezeichnet. Der Okun-Parameter ist α.

Welche der folgenden Aussagen ist zutreffend?

(a) Falls α sehr groß ist, nähert sich die natürliche Arbeitslosenquote der tatsächlichen an.

(b) Je kleiner α ist, desto stärker wirkt sich eine Änderung des Bruttoinlandsprodukts auf die tatsächliche Arbeitslosenquote aus (bei $\bar{u}$ = const., $\overline{BIP}$ = const.).

(c) Je größer α ist, desto kleiner ist die Auswirkung einer Änderung des Bruttoinlandsprodukts auf die tatsächliche Arbeitslosenquote (bei $\bar{u}$ = const., $\overline{BIP}$ = const.).

(d) Je kleiner α ist, desto geringer ist die Auswirkung einer Änderung des Bruttoinlandsprodukts auf die tatsächliche Arbeitslosenquote (bei ū = const., $\overline{BIP}$ = const.).

(e) Keine der Aussagen (a) bis (d) trifft zu.

Aufgabe 160

Eine Volkswirtschaft weist folgende Daten auf: Die tatsächliche Arbeitslosenrate beträgt 8 Prozent; der Okun-Parameter hat den Wert 0,02; die Lücke zwischen potentieller Produktionskapazität und tatsächlicher Auslastung der Volkswirtschaft beträgt 15 Prozent, d.h. die Volkswirtschaft ist hinsichtlich ihrer Produktionsmöglichkeiten zu 85 Prozent ausgelastet.

Welchen Wert hat die natürliche Arbeitslosenrate ū, wenn das Okun'sche Gesetz gilt?

(a) 7,7 Prozent

(b) 6,3 Prozent

(c) 5,5 Prozent

(d) 3,0 Prozent

(e) Keine der Alternativen (a) bis (d) ist richtig.

Aufgabe 161

Welche der folgenden Alternativen ist richtig?

(a) Gegenstand der Konjunkturprognose ist die Abschätzung der langfristigen wirtschaftlichen Entwicklung einer Volkswirtschaft.

(b) Die Konjunkturdiagnose versucht an Hand verschiedener Indikatoren die momentane konjunkturelle Lage in einer Volkswirtschaft zu analysieren.

(c) Konjunkturprognosen erlauben keinerlei Rückschluss auf die zukünftig zu erwartenden Steuereinnahmen.

(d) Alle Alternativen (a) bis (c) sind richtig.

(e) Alle Alternativen (a) bis (c) sind falsch.

(f) Keine der Alternativen (a) bis (e) ist richtig.

Aufgabe 162

Unterbeschäftigung bekämpft man nach Ansicht der Angebotstheoretiker mit...

(a)   ...Forschungs- und Technologiepolitik.

(b)   ...privaten Innovationen.

(c)   ...steuerlichen Entlastungen für Unternehmen.

(d)   ...Investitionshilfen.

(e)   Alle Alternativen (a) bis (d) sind richtig.

(f)   Keine der Alternativen (a) bis (e) ist richtig.

Aufgabe 163

Welche der folgenden Politikmaßnahmen wird **nicht** von angebotsorientierten Ökonomen empfohlen, um wirtschfatliches Wachstum zu fördern?

(a)   Eine Erhöhung der Staatsausgaben.

(b)   Senkungen von Unternehmenssteuern.

(c)   Privatisierungen staatlicher Betriebe.

(d)   Der Abbau von Reglementierungen auf dem Arbeitsmarkt.

(e)   Alle Alternativen (a) bis (d) sind richtig.

(f)   Keine der Alternativen (a) bis (e) ist richtig.

Aufgabe 164

Im Konzept der „Supply-Side Economics" wird dem aggregierten Angebot eine fundamentale Bedeutung zugesprochen, um das wirtschaftliche Wachstum zu beeinflussen.

Im welchem Fall ist eine Politikmaßnahme mit der Zielsetzung, das aggregierte Angebot auszudehnen, besonders wirksam?

(a)   Wenn die aggregierte Angebotsfunktion im relevanten Outputbereich relativ steil verläuft.

(b)   Wenn die aggregierte Angebotsfunktion im relevanten Outputbereich relativ flach verläuft.

(c)   Wenn sich die Nachfragekurve stark nach rechts verschiebt.

(d) Wenn die Nachfragekurve linear verläuft.

(e) Wenn durch die Ausdehnung des aggregierten Angebots sowohl der Output als auch das Preisniveau in gleichem Maße zunehmen.

(f) Keine der Alternativen (a) bis (e) ist richtig.

Aufgabe 165

Was versteht man unter Technologiepolitik?

(a) Die vollständige Risikoübernahme des Staates bei Forschungsprojekten von innovativen Unternehmen.

(b) Die Effizienzsteigerung von politischen Arbeitsabläufen und Entscheidungsprozessen durch den Einsatz moderner Kommunikationsmittel.

(c) Maßnahmen und Instrumente des Staates, um die technologische Entwicklung, insbesondere die Innovationsprozesse zu fördern und zu beschleunigen.

(d) Die Entwicklung von Konzepten seitens der Politik für die Unternehmen, um den technischen Fortschritt voranzutreiben.

(e) Keine der Alternativen (a) bis (d) ist richtig.

Aufgabe 166

Welche der folgenden Aussagen zur Technologiepolitik ist **falsch**?

(a) Die Patentschutzpolitik schützt Innovatoren vor Imitatoren.

(b) Die Innovationspolitik umfasst die spezifische Förderung neuer Technologien und deren ökonomische Nutzung.

(c) Technologiepolitische Maßnahmen umfassen sowohl Steuererleichterungen als auch Subventionen.

(d) Über die staatliche Förderung von Unternehmensnetzwerken kann die Unsicherheit der Innovationstätigkeit ausgeschaltet werden.

(e) Keine der Aussagen (a) bis (d) ist falsch.

17. Internationale Makroökonomik

Aufgabe 167

Was wird mit dem Außenbeitrag eines Landes bezeichnet?

(a) Die Differenz zwischen Kapitalexport und Kapitalimport.

(b) Das Verhältnis aus Dienstleistungsbilanz und Handelsbilanz.

(c) Der Saldo der Kapitalverkehrsbilanz.

(d) Die Differenz zwischen Export und Import an Waren und Dienstleistungen.

(e) Die Summe aus der Leistungsbilanz und der Kapitalverkehrsbilanz.

(f) Keine der Alternativen (a) bis (e) ist richtig.

Aufgabe 168

Der Konsum (C) und die Investitionen (I) in einer offenen Volkswirtschaft sind durch folgende Beziehungen gegeben:

$C = 120 + 0{,}8 \cdot (Y - T)$,

$I = 1.100 + 0{,}1 \cdot Y - 10.000 \cdot i$.

Das reale Bruttoinlandsprodukt ist Y, der Zinssatz i beträgt neun Prozent. Die Exporte (X) betragen 400 und die Importe (M) sind gegeben durch: $M = 40 + 0{,}2 \cdot Y$. Die Staatsausgaben (G) betragen 500 und für die Steuern (T) gilt: $T = -50 + 0{,}25 \cdot Y$.

Berechnen Sie das gleichgewichtige Bruttoinlandsprodukt sowie den dazugehörigen Außenbeitrag und wählen Sie unter den nachfolgend angegebenen Alternativen die richtige aus.

(a) Y = 1.000; X–M(Y) = 100.

(b) Y = 1.260; X–M(Y) = –80.

(c) Y = 2.440; X–M(Y) = –128.

(d) Y = 2.500; X–M(Y) = –100.

(e) Y = 2.000; X–M(Y) = –260.

(f) Keine der Alternativen (a) bis (e) ist richtig.

Aufgabe 169

Welche Transaktionen werden in der Kapitalverkehrsbilanz erfasst?

(a)   Handelskredite

(b)   Übertragungen an das Ausland ohne Gegenleistung

(c)   Zahlungen für Dienstleistungsexporte

(d)   Zahlungen für Warenimporte

(e)   Keine der Alternativen (a) bis (d) ist richtig.

Aufgabe 170

Welcher der folgenden Posten einer Zahlungsbilanz führt zu Ausgaben einer Volkswirtschaft?

(a)   Warenexporte

(b)   Übertragungen aus dem Ausland

(c)   Dienstleistungsexporte

(d)   Kapitalexporte

(e)   Keine der Alternativen (a) bis (d) ist richtig.

Aufgabe 171

Folgende Daten (in Geldeinheiten = GE) der Zahlungsbilanz eines Landes sind bekannt:

Exporte	0,67
Importe	0,64
Saldo der Dienstleistungsbilanz	−0,02
Saldo der Übertragungsbilanz	−0,05
Saldo der Kapitalbilanz	X
Saldo der Gold- und Devisenbilanz	0

Welche der nachfolgenden Aussagen zur Zahlungsbilanz trifft zu?

(a) Die Leistungsbilanz weist ein Defizit auf, der Saldo der Kapitalbilanz muss negativ sein und es muss gelten: $X < 0$.

(b) Die Leistungsbilanz weist einen Überschuss auf, der Saldo der Kapitalbilanz muss positiv sein und es muss gelten: $X > 0$.

(c) Die Leistungsbilanz weist ein Defizit auf, der Saldo der Kapitalbilanz muss positiv sein und es muss gelten: $X > 0$.

(d) Die Leistungsbilanz weist einen Überschuss auf, der Saldo der Kapitalbilanz muss positiv sein und es muss gelten: $X > 0$.

(e) Keine der Aussagen (a) bis (d) trifft zu.

Aufgabe 172

Was erfasst die Übertragungsbilanz?

(a) Jene Leistungen eines Landes, die ohne Gegenleistung erfolgen.

(b) Die Einnahmen und Ausgaben des Inlandes für Dienstleistungen.

(c) Den Austausch von Gütern mit dem Ausland.

(d) Die langfristigen Kapitaltransaktionen mit dem Ausland.

(e) Die kurzfristigen Kapitaltransaktionen mit dem Ausland.

(f) Keine der Alternativen (a) bis (e) ist richtig.

Aufgabe 173

Gegeben sei eine Volkswirtschaft, in der das Bruttonationaleinkommen dem Bruttoinlandsprodukt entspricht. Welche Beziehung besteht zwischen der Leistungsbilanz (LB) dieser Volkswirtschaft und der gesamtwirtschaftlichen Ersparnis (S)?

Die Staatsausgaben werden mit G, die Steuern mit T und die Investitionen mit I bezeichnet.

(a) $LB = S + (T - G) - I$

(b) $LB = S - (T - G) - I$

(c) LB = S + (T + G) – I

(d) LB = S – (T – G) + I

(e) Keine der Alternativen (a) bis (d) ist richtig.

Aufgabe 174

Wie wird in der Theorie flexibler Wechselkurse der Wechselkurs eines Landes bestimmt?

(a) In der kurzen Frist durch die Wachstumsrate des realen Bruttoinlandsprodukts eines Landes.

(b) In der langen Frist durch die Theorie der Kaufkraftparität.

(c) Mittelfristig durch das Zinsniveau in einem Land.

(d) In der kurzen Frist durch die Goldreserven eines Landes.

(e) Keine der Alternativen (a) bis (d) ist richtig.

Aufgabe 175

In welchem Fall wird im System flexibler Wechselkurse eine Währung aufgewertet?

(a) Wenn das Angebot an dieser Währung steigt.

(b) Wenn die Nachfrage nach dieser Währung steigt.

(c) Wenn die Zentralbank eine Aufwertung beschließt.

(d) Wenn die Regierung eine Aufwertung beschließt.

(e) Keine der Alternativen (a) bis (d) ist richtig.

Aufgabe 176

Nehmen Sie an, die Währung eines Landes wird abgewertet.

Welche der nachfolgend genannten Ursachen können hierfür verantwortlich sein?

(1) Die Inflationsrate in diesem Land ist dauerhaft höher als in anderen Ländern.

(2) Der Zinssatz in diesem Land ist deutlich höher als in anderen Ländern.

(3) Die politische Situation ist unsicher, was Anleger dazu veranlasst, ihr Kapital abzuziehen.

(a) Nur Aussage (1) trifft zu.

(b) Nur Aussage (2) trifft zu.

(c) Nur Aussage (3) trifft zu.

(d) Nur die Aussagen (1) und (2) treffen zu.

(e) Nur die Aussagen (1) und (3) treffen zu.

(f) Alle Aussagen (1) bis (3) treffen zu.

(g) Keine der Aussagen (1) bis (3) trifft zu.

Aufgabe 177

Wodurch wird im System fester Wechselkurse der Wechselkurs bestimmt?

(a) Vom Zusammenspiel von Angebot und Nachfrage.

(b) Vom Saldo der Handelsbilanz des Vorjahres.

(c) Vom Saldo der Kapitalbilanz des Vorjahres.

(d) Von der Festsetzung des Kurses durch die Regierungen.

(e) Keine der Alternativen (a) bis (d) ist richtig.

Aufgabe 178

Was war ein Kennzeichen des Bretton Woods Systems?

(a) Die Anerkennung des ECU als internationales Zahlungsmittel.

(b) Ein System flexibler Wechselkurse.

(c) Die Verpflichtung Großbritanniens, Gold zu 35 Pfund pro Unze zu kaufen.

(d) Ein System fester Wechselkurse.

(e) Keine der Alternativen (a) bis (d) ist richtig.

Aufgabe 179

Was versteht man unter dem "Gesetz des einen Preises"?

(a) Kurzfristig schwanken die Wechselkurse so, dass unterschiedliche Preise in den Ländern ausgeglichen werden.

(b) Langfristig ist der Preis von Kapital in unterschiedlichen Ländern gleich, was Anpassungen im Wechselkurs bewirkt.

(c) Mittelfristig führt eine Zinssenkung in einem Land zu geringeren Preisen, was zu einer Abwertung dieser Währung führt.

(d) Langfristig passen sich die Wechselkurse so an, dass ein Gut in zwei Ländern gleich viel kostet.

(e) Keine der Alternativen (a) bis (d) ist richtig.

Aufgabe 180

Welche Aussage gilt gemäß der Kaufkraftparitätentheorie?

(a) Die Währungen von Ländern mit relativ hohen Inflationsraten werden im Zeitablauf abgewertet.

(b) Die Währungen von Ländern mit relativ niedrigen Inflationsraten werden im Zeitablauf abgewertet.

(c) Die Währungen von Ländern mit großen Goldreserven werden im Zeitablauf abgewertet.

(d) Die Währungen von Ländern mit kleinen Goldreserven werden im Zeitablauf abgewertet.

(e) Keine der Alternativen (a) bis (d) ist richtig.

Aufgabe 181

Die Terms of Trade (ToT) sind folgendermaßen definiert: $ToT = P/eP^*$, mit P: Preisniveau der Exportgüter, P^*: Preisniveau der Importgüter, e: nominaler Wechselkurs. Der Kehrwert der ToT entspricht dem realen Wechselkurs. Nehmen Sie an, dass die Terms of Trade sinken.

Welche der folgenden Aussagen trifft dann zu?

(a) Bei einer gegebenen Menge an Exportgütern kann mehr importiert werden.

(b) Die Nachfrage nach Exportgütern wird abnehmen.

(c) Für eine Einheit Exportgüter können weniger Importe erworben werden.

(d) Ausländische Güter sind relativ zu inländischen billiger geworden.

(e) Keine der Aussagen (a) bis (d) trifft zu.

Aufgabe 182

Welche der folgenden Bedingungen musste ein Land, das 1999 der Europäischen Wirtschafts- und Währungsunion beitreten wollte, im Jahr vor der dritten Stufe der Union **nicht** erfüllen?

(a) Die Arbeitslosenquote durfte höchstens 3 Prozent über der durchschnittlichen Arbeitslosenquote der drei Länder mit den geringsten Arbeitslosenquoten sein.

(b) Der Nominalzins langfristiger Staatsanleihen durfte höchstens 2 Prozent über dem entsprechenden Durchschnittswert der drei preisstabilsten Länder sein.

(c) Die Inflationsrate durfte höchstens 1,5 Prozent über dem durchschnittlichen Preisanstieg in den drei preisstabilsten Ländern sein.

(d) Das Defizit des Staatshaushaltes durfte höchstens 3 Prozent des BIP betragen.

(e) Keine der genannten Bedingungen musste von den Beitrittskandidaten erfüllt werden.

Aufgabe 183

Im Vertrag über die Schaffung einer europäischen Gemeinschaftswährung sind die Konvergenzkriterien verankert, die den Teilnehmerstaaten u.a. Grenzen für die Neuverschuldung vorgeben. Doch worin liegen die Gefahren einer wachsenden Staatsschuld?

(1) Für die gegenwärtige Verschuldung müssen die folgenden Generationen aufkommen, was zu einer unerwünscht einseitigen Belastung führt.

(2) Vor allem westeuropäische Staaten verwenden die durch Verschuldung aufgenommenen Mittel nicht für langfristige Investitionen, wie z.B. für den Ausbau der Infrastruktur.

(3) Trotz höherer Staatsausgaben kommt es auf keinen Fall zu einer Verbesserung der Gewinnaussichten für die Unternehmen.

(4) Durch steigende Staatsschulden werden private Kreditnehmer aus dem Markt gedrängt.

(a) Nur die Aussagen (1) und (2) treffen zu.

(b) Nur die Aussagen (3) und (4) treffen zu.

(c) Nur die Aussagen (1) und (4) treffen zu.

(d) Nur die Aussagen (2) und (3) treffen zu.

(e) Alle der obigen Aussagen (1) bis (4) treffen zu.

(f) Keine der obigen Aussagen (1) bis (4) trifft zu.

Aufgabe 184

Welche der folgenden Aussagen ist **unzutreffend**?

(a) Der Wechselkurs gibt den Preis in ausländischer Währung an, zu dem man eine Einheit der inländischen Währung kaufen kann.

(b) Der Devisenkurs gibt den Preis in inländischer Währung an, zu dem man eine Einheit der ausländischen Währung kaufen kann.

(c) Im System fester Wechselkurse wird der Wechselkurs durch das Währungsangebot und die Nachfrage nach einer Währung bestimmt.

(d) Das Bretton Woods Währungssystem bezeichnet man auch als Gold-Devisen Standard.

(e) Erträge eines Landes, die sich aus dem Reiseverkehr ergeben, werden in der Kapitalverkehrsbilanz erfasst.

(f) Keine der Aussagen (a) bis (e) ist unzutreffend.

Aufgabe 185

Was besagt das "Gesetz des komparativen Vorteils"?

(a) Ein Land soll all jene Güter produzieren, bei denen es einen absoluten Vorteil hat, um die effiziente Güterproduktion zu erreichen.

(b) Ein Land soll nur jene Güter produzieren, bei denen es keinen komparativen Vorteil hat, um die effiziente Güterproduktion zu erreichen.

(c) Bei der Bestimmung der effizienten Güterproduktion zwischen Ländern spielen absolute und nicht komparative Vorteile die entscheidende Rolle.

(d) Bei der Bestimmung der effizienten Güterproduktion zwischen Ländern spielen komparative und nicht absolute Vorteile die entscheidende Rolle.

(e) Keine der Alternativen (a) bis (d) ist richtig.

Aufgabe 186

Zwei Volkswirtschaften, England (E) und Portugal (P), weisen unterschiedliche Produktionsmöglichkeiten auf: In E kann ein Arbeiter in einem Jahr entweder 50 Fässer Wein oder 150 Meter Tuch produzieren. In P hingegen kann ein Arbeiter entweder 80 Fässer Wein oder 400 Meter Tuch produzieren.

Welche der folgenden Aussagen ist dann zutreffend?

(a) P hat absolute Vorteile in der Produktion von Wein und Tuch; P hat komparative Vorteile in der Produktion von Tuch; die Opportunitätskosten von Tuch in P betragen 1/5 Wein, in E betragen sie 1/3 Wein.

(b) P hat absolute Vorteile in der Produktion von Wein und Tuch; P hat komparative Vorteile in der Produktion von Wein; die Opportunitätskosten von Tuch in P betragen 1/5 Wein, in E betragen sie 1/3 Wein.

(c) E hat absolute Vorteile in der Produktion von Wein und Tuch; P hat komparative Vorteile in der Produktion von Tuch; die Opportunitätskosten von Tuch in P betragen 1/5 Wein, in E betragen sie 1/3 Wein.

(d) P hat absolute Vorteile in der Produktion von Wein und Tuch; P hat komparative Vorteile in der Produktion von Tuch; die Opportunitätskosten von Tuch in P betragen 1/4 Wein, in E betragen sie 1/2 Wein.

(e) Keine der Aussagen (a) bis (d) ist zutreffend.

Aufgabe 187

In nachfolgender Abbildung 27 sind die Produktionsmöglichkeiten der beiden Länder D und E zwischen den beiden Gütern Autos und Textilien dargestellt.

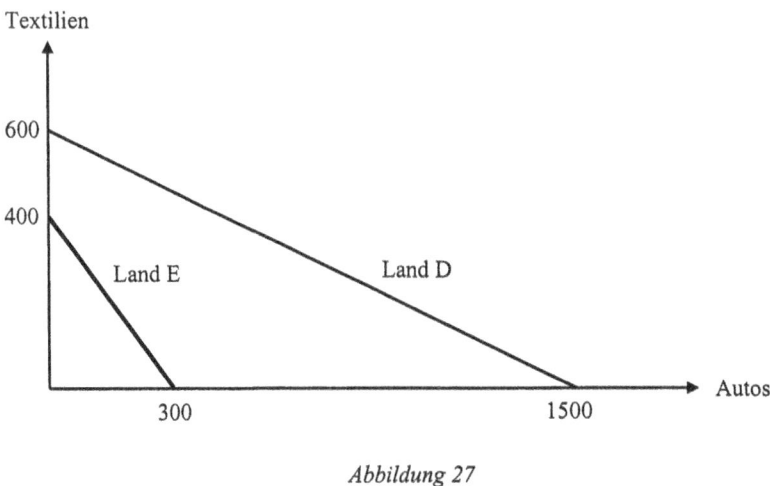

Abbildung 27

Prüfen Sie die nachfolgenden Aussagen auf ihre Richtigkeit, wenn das Außenhandelsmodell von Ricardo gilt.

(1) Land D sollte beide Güter herstellen, Land E sollte keines der beiden Güter produzieren.

(2) Land D hat einen absoluten Vorteil in der Herstellung beider Güter.

(3) Land D hat einen komparativen Vorteil in der Automobilproduktion, während Land E einen komparativen Vorteil in der Textilproduktion besitzt.

(4) Die Opportunitätskosten eines Autos sind in Land D kleiner als in Land E.

(a) Die Aussagen (1) und (2) treffen zu.

(b) Die Aussagen (2) und (3) treffen zu, die Aussagen (1) und (4) sind falsch.

(c) Die Aussagen (2), (3) und (4) treffen zu, Aussage (1) ist falsch.

(d) Alle Aussagen (1) bis (4) treffen zu.

(e) Keine der Aussagen (1) bis (4) trifft zu.

Aufgabe 188

Betrachten Sie bitte nochmals obige Abbildung 27 aus der vorigen Aufgabe 187.

Wie kann der lineare Verlauf der Produktionsmöglichkeitenkurve von Land D erklärt werden?

(a) Durch konstante Skalenerträge in der Produktion beider Güter.

(b) Durch abnehmende Skalenerträge in der Produktion beider Güter.

(c) Durch zunehmende Skalenerträge in der Produktion beider Güter.

(d) Durch eine Kombination aus konstanten Skalenerträgen in der Automobilproduktion und abnehmenden Skalenerträgen in der Textilproduktion.

(e) Keine der Alternativen (a) bis (d) ist richtig

Aufgabe 189

Nehmen Sie an, zwei Länder verwenden nur den Einsatzfaktor Arbeit, um zwei Güter zu produzieren. Beiden Ländern stehen jeweils 100 Einheiten des Einsatzfaktors Arbeit zur Verfügung. Die Produktionsmöglichkeiten, die das jeweilige Land mit seiner gegebenen Inputmenge produzieren kann, sind in folgender Tabelle aufgeführt.

	Land 1	Land 2
Gut 1	800	200
Gut 2	1000	400

Welche der folgenden Aussagen ist dann zutreffend?

(a) Das Land 1 besitzt einen absoluten Vorteil in der Produktion beider Güter.

(b) Das Land 1 besitzt einen komparativen Vorteil in der Produktion beider Güter.

(c) Das Land 2 besitzt einen komparativen Vorteil in der Produktion beider Güter.

(d) Das Land 2 besitzt einen absoluten Vorteil in der Produktion von Gut 2.

(e) Keine der Aussagen (a) bis (d) ist zutreffend.

Aufgabe 190

Welche Hauptaufgaben hat die 1995 gegründete Welthandelsorganisation?

(1) Die Unterstützung bei der Liberalisierung des Welthandels.

(2) Die finanzielle Unterstützung von Entwicklungsländern.

(3) Die Schlichtung von Handelskonflikten zwischen Mitgliedsländern.

(4) Die Stabilisierung von Währungen durch Intervention auf den Finanzmärkten.

(a) Alle vier genannten Aufgaben werden von der WTO wahrgenommen.

(b) Keine der vier genannten Aufgaben wird von der WTO wahrgenommen.

(c) Lediglich die Aufgaben (1) und (3) fallen in den Zuständigkeitsbereich der WTO.

(d) Lediglich die Aufgaben (2) und (4) fallen in den Zuständigkeitsbereich der WTO.

Aufgabe 191

Nehmen Sie an, in Frankreich können jährlich 75.000 deutsche Autos verkauft werden. Zum Schutz der einheimischen Autohersteller begrenzt die französische Regierung die Anzahl der Automobile, die aus Deutschland importiert werden, auf 50.000 pro Jahr.

Welche Auswirkungen hat diese Maßnahme auf den Preis deutscher Automobile gemäß der internationalen Handelstheorie?

(a) Da die Nachfrage zurückgeht, wird der Preis deutscher Automobile sowohl in Frankreich als auch in Deutschland sinken.

(b) Aufgrund des Nachfrageüberschusses wird es zu einer Preiserhöhung deutscher Autos in beiden Ländern kommen.

(c) Die deutschen Autohersteller werden die Produktion sofort an die geänderte Situation anpassen, um alle hergestellten Fahrzeuge am Markt absetzen zu können.

(d) In Frankreich ist von einer Preiserhöhung für deutsche Autos auszugehen, während die Fahrzeuge auf dem deutschen Markt voraussichtlich günstiger zu beziehen sind.

(e) Keine der Alternativen (a) bis (d) ist richtig.

Lösungen zu Teil I: Grundlagen

1. Prinzipien der Volkswirtschaftslehre

Aufgabe	Lösung
1	f. Siehe Lehrbuch *Volkswirtschaftslehre 1*, 6. Aufl., S. 11.
2	d.
3	a.
4	c. Bei reinen öffentlichen Gütern kann niemand von der Nutzung ausgeschlossen werden. Die Kosten des Ausschlusses sind daher (unendlich) hoch.
5	d.
6	b.
7	b. Siehe Lehrbuch Volkswirtschaftslehre 1, 6. Aufl., S. 19ff.
8	e.
9	d. In der Volkswirtschaftslehre ist mit dem Begriff „Kapital" lediglich das Realkapital einer Wirtschaft gemeint. Dies wird in Alternative (d) ausgedrückt.
10	c. Weitere Prinzipien, die den Allokationsprozess direkt beeinflussen, sind das Opportunitätskostenprinzip, das ökonomische Prinzip, das marktwirtschaftliche Prinzip sowie das Prinzip der ökonomischen Anreize.
11	a. Da der Inputfaktor „Wissen" in dieser Aufgabe per Annahme die Merkmale eines öffentlichen Gutes hat, herrscht Nichtrivalität zwischen den Unternehmen bei der Anwendung und Nutzung dieses Produktionsfaktors.

2. Knappheit, Tausch und Effizienz

Aufgabe	Lösung
12	d. Bei einem konkaven Verlauf der Transformationskurve gilt das Gesetz der zunehmenden Opportunitätskosten.
13	b. Analog zur Herleitung der Produktionsmöglichkeitenkurve im Lehrbuch *Volkswirtschaftslehre 1*, S. 35 (6. Aufl.), kann eine graphische Lösung erstellt werden. Die Transformationskurve kann nur dann linear verlaufen, wenn die partiellen Produktionsfunktionen *beider* Güter linear verlaufen.
14	d. Graphische Lösung ist analog zur Herleitung der Produktionsmöglichkeitenkurve im Lehrbuch Volkswirtschaftslehre 1, 6. Aufl., möglich.
15	a.
16	e. Gegenüber der Ausgangslage (Kurve AA) ist die maximal mögliche Produktionsmenge von Nahrungsmitteln gestiegen, jene von Kleidung blieb unverändert.
17	c. Von beiden Gütern kann mehr produziert werden als zuvor.
18	b. In Punkt W ist die Produktion ineffizient. Mögliche Ursachen für eine ineffiziente Produktion werden in Antwortalternative (b) angegeben.
19	d. Am konkaven Verlauf der Produktionsmöglichkeitenkurve kann man erkennen, dass zunehmende Opportunitätskosten vorliegen.
20	c. Bei der Produktion beider Güter bestehen abnehmende Skalenerträge.
21	b. Zu Alternative (c): Sämtliche Güterkombinationen, die auf der gegebenen Transformationskurve liegen, liefern das gleiche Wohlfahrtsniveau. Zum eingezeichneten

	Punkt A: Mit den gegebenen Produktionsmöglichkeiten kann A nicht erreicht werden. Technologischer Fortschritt und/oder eine Erhöhung der Inputmenge würden die gegebenen Produktionsmöglichkeiten erweitern.
22	c. Setze A = 0; $0{,}06 \cdot M^2 = 0{,}5 \cdot 200^2 + 200^2$; M = 1.000.
23	c. $dA/dM = -0{,}06 \cdot 2 \cdot M = -12$, für M = 100.
24	b. Zur Ermittlung von F^{max}: Setze A = 0. Zur Ermittlung der Opportunitätskosten muss die gegebene Transformationsfunktion nach F abgeleitet werden. Einsetzen von F = 100 liefert das Ergebnis.
25	b. Die Transformationskurve verläuft nun steiler. Die maximal produzierbare Menge an Fahrrädern bleibt unverändert, während jene von Autos zunimmt.
26	e. Die Erhebung der Proportionalsteuer wirkt wie eine Reduktion des Faktorbestandes.
27	b. Die Produktionsmöglichkeitenkurve verläuft linear (konstante Opportunitätskosten), die entsprechende Gleichung lautet: $y = 25 - \frac{1}{2} \cdot x$. Somit können maximal fünf Einheiten von Gut y erzeugt werden, wenn 40 Einheiten von Gut x produziert werden sollen. Falls 10 Einheiten von y produziert werden sollen, können maximal 30 Einheiten des Gutes x hergestellt werden.
28	a. Durch den technischen Fortschritt erweitern sich die Produktionsmöglichkeiten der betrachteten Volkswirtschaft, die neue lineare Produktionsmöglichkeitenkurve lautet: $y = 50 - x$. Das Güterbündel (x; y) = (40; 10) liegt nun auf der Produktionsmöglichkeitenkurve und stellt eine effiziente Produktionskombination dar.
29	d. Der Tangentialpunkt zwischen Nutzenmöglichkeitengrenze und sozialer Indifferenzkurve gibt die wohlfahrtsmaximale Allokation an. Somit wird diejenige soziale Indifferenzkurve erreicht, welche das höchste gesellschaftliche Nutzenniveau liefert. Je weiter eine soziale Indifferenzkurve vom Ursprung des Koordinatensystems entfernt liegt, desto höher ist der gesellschaftliche Nutzen.
30	c. Bei einer Anfangsausstattung, die durch Punkt B beschrieben wird, verfügt der Haushalt 2 über die Gütermengen x_2^B und y_2^B. Diese Mengen können ebenso angegeben werden als $x_G - x_1^B$ und $y_G - y_1^B$.
31	e. Falls eine Anfangsausstattung vorliegt, die durch Punkt C beschrieben werden kann, verfügt der Haushalt 1 über die Gütermengen x_1^C und y_1^C. Diese Mengen können ebenso angegeben werden als $x_G - x_2^C$ und $y_G - y_2^C$.
32	c. Die Indifferenzkurven verlaufen konvex zum jeweiligen Koordinatenursprung. In Punkt C besitzt Haushalt 2 mehr von beiden Gütern x und y als in Punkt A oder in Punkt B. Somit liegt Punkt C auf einer höheren Indifferenzkurve als die Punkte A oder B.

3. Märkte und Preise

Aufgabe	Lösung
33	c. Siehe Lehrbuch *Volkswirtschaftslehre 1*, 6. Aufl., S. 54.
34	c.
35	e. Bemerkung zu den Antworten (b) und (d): Bei Preisänderungen eines Gutes bewegt man sich entlang der Nachfragekurve für dieses Gut, um das neue Gleichgewicht zu bestimmen.
36	d.
37	b.
38	c.
39	b. Für jede Gütermenge ist der Absatzpreis nun höher als vor dem Anstieg der Pro-

	duktionskosten, weil die Unternehmen die gestiegenen Produktionskosten auf die Konsumenten abwälzen.
40	e. Einkommensänderungen führen zu Verschiebungen der Nachfragekurve, während Faktorpreisänderungen die Lage der Angebotskurve verändern.
41	a. Es herrscht zunächst ein Angebotsüberschuss.
42	b. Setze $p_A = p_N = p^* \Rightarrow 0{,}5 \cdot x_A + 2 = -0{,}5 \cdot x_N + 4 \Rightarrow x^* = 2; \ 0{,}5 \cdot x^* + 2 = p^*; \ p^* = 3$.
43	f. Setze $p_A = p_N = p^* \Rightarrow 0{,}5 \cdot x_A + 4 = -0{,}5 \cdot x_N + 2 \Rightarrow x^* = -2$. Dies ist aus ökonomischer Sicht keine sinnvolle Lösung, die beiden Kurven schneiden sich nicht im ersten Quadranten des Koordinatensystems.
44	c. Die Nachfragekurve wird nach rechts verschoben.
45	b. Setze $p_A = p_N = p^* \Rightarrow x^2 - 10 = 20 - x; \ x^2 + x - 30 = 0; \ x^* = 5; \ p^* = 15$.
46	d.
47	c.
48	f. Die gegebenen Funktionen haben keinen Schnittpunkt.
49	e. Bei einer sehr preiselastischen Nachfrage bewirkt eine marginale Preisänderung eine relativ starke Änderung der Nachfragemenge (flacher Verlauf der Nachfragekurve im Preis-Mengen-Diagramm).
50	a. Allgemein gilt für die Preiselastizität der Nachfrage: $\eta_{x_N,p} = (\partial x_N / \partial p) \cdot (p/x_N)$. Für die gegebene Nachfragefunktion ergibt sich: $\eta_{x_N,p} = 2 \cdot (-2) \cdot (p^{-3}) \cdot (p/x_N)$. Bei einem gegebenen Preis von $p = 1$ nimmt die Elastizität den Wert $-4/5$ an.
51	f. Zunächst ist die Preiselastizität der Nachfrage zu ermitteln. Sie hat den Wert $-\beta$. Deshalb gilt die errechnete Elastizität für alle Preis-Mengen-Kombinationen. Zwar verschiebt sich durch den technischen Fortschritt wie üblich die aggregierte Angebotsfunktion, jedoch ändert sich der Wert der Preiselastizität der Nachfrage nicht.

4. Der Staat

Aufgabe	Lösung
52	d.
53	a. Das im Stabilitäts- und Wachstumsgesetz verankerte „magische Viereck" setzt sich aus den in den Antwortalternativen (b) bis (e) genannten Zielen zusammen.
54	b. Alternative (b) gibt die Kriterien der Nichtausschließbarkeit und der Nichtrivalität im Konsum von reinen öffentlichen Gütern wieder.
55	d. Der Preis eines reinen öffentlichen Gutes ist Null. Gemäß der Aufgabenstellung handelt es sich bei dem Einsatzfaktor "Wissen" um ein reines öffentliches Gut.
56	d. Externe Effekte werden nicht marktmäßig abgegolten, sie führen deshalb stets zu einer ineffizienten Allokation von Ressourcen.
57	e.
58	d.
59	c. Die Einführung von Steuern sowie die Vergabe von Subventionen sind mögliche Instrumente des Staates zur Internalisierung externer Effekte.
60	c. Um eine Aussage über das Kriterium der Lorenzdominanz treffen zu können, ist es erforderlich, dass sich die Lorenzkurven der betrachteten Länder nicht schneiden.
61	c. Die in der Aufgabe dargestellten Lorenzkurven zeigen, dass in Frankreich die Einkommensverteilung gleichmäßiger ist als in Spanien. Es liegt folglich eine Lorenzdominanz von Frankreich gegenüber Spanien vor.
62	e. Die Fläche, die zwischen Gleichverteilungslinie und Lorenzkurve liegt, beträgt $1/2 - 1/8 = 3/8$. Der Gini-Koeffizient beträgt somit $3/4$.
63	b. Die Aufgabe kann rechnerisch und graphisch gelöst werden. Es zeigt sich, dass

die Lorenzkurve von Universitätsland, die in nachstehender Abbildung mit LU(p) bezeichnet ist, mehr „durchhängt" als jene von Entenhausen, die mit LE(p) gekennzeichnet ist. Somit ist der Gini-Koeffizient von Universitätsland größer.
Graphische Darstellung:

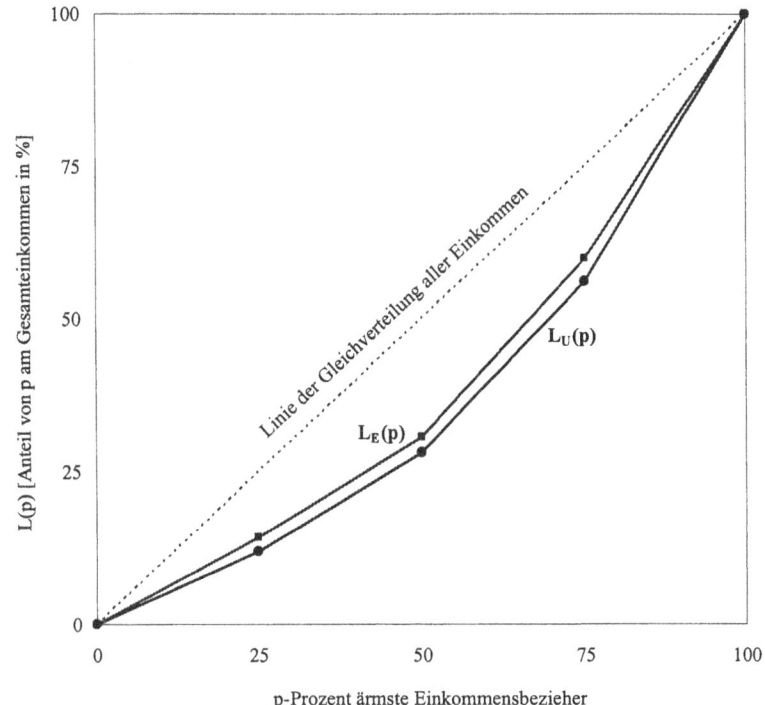

Die in der Abbildung angetragenen Werte lassen sich beispielsweise für Entenhausen folgendermaßen berechnen:
30.000 / 250.000 = 0,12; (30.000 + 40.000) / 250.000 = 0,28; etc.
Für Universitätsland gilt:
35.000 / 245.000 = 0,1429; (35.000 + 40.000) / 245.000 = 0,3061; etc.

64	b. Entweder kommt es zu einem zu hohen Angebot an öffentlichen Gütern und/oder es liegen Ineffizienzen in der Herstellung öffentlicher Güter vor.
65	a.

5. Methodische Fragen

Aufgabe	Lösung
66	a. Modelle liefern stets ein vereinfachtes Abbild der Realität.
67	c.
68	a.
69	a.

70	d.
71	a.
72	c.
73	a.

Lösungen zu Teil II: Mikroökonomische Theorie

6. Konsum und Nachfrage

Aufgabe	Lösung
1	c. Zu einer Präferenzordnung existiert eine ordinale Nutzenfunktion. Diese Nutzenfunktion ist invariant gegenüber monotonen Transformationen, weshalb es unendlich viele Nutzenfunktionen gibt, die eine Präferenzordnung repräsentieren.
2	e.
3	b. Es gilt: $(x, y), (y, z), (x, z) \in R$ und $(x, z), (z, y), (x, y) \in R$.
4	e. Einsetzen der angegebenen Werte ergibt die Lösung.
5	d.
6	a.
7	d.
8	e.
9	e.
10	b. Ableitung von u nach x_1 ergibt: $0{,}5 \cdot x_1^{-0{,}5} \cdot 4^{0{,}5} = x_1^{-0{,}5}$.
11	e. Das Nutzenniveau ist $u = 4 = x_1^{0{,}5} \cdot x_2^{0{,}5} \Leftrightarrow x_2^{0{,}5} = 4/x_1^{0{,}5} \Leftrightarrow x_2 = 16/x_1$.
12	b. $dx_2/dx_1 = (-1) \cdot x_1^{-2} \cdot 16 = -16/x_1^2$.
13	d.
14	c. Die Güterbündel auf einer Indifferenzkurve stiften (lediglich) den gleichen Nutzen. Zur Ermittlung des optimalen Konsumplans muss zudem die Budgetrestriktion berücksichtigt werden.
15	f. Die Transformationsrate muss der Grenzrate der Substitution entsprechen.
16	a. Wenn sich der Güterpreis ändert, bewegt man sich auf ein und derselben Nachfragefunktion.
17	a. S_1 ist steiler und näher am Ursprung als S_2. Dies bedeutet, dass (p_1/p_2) sinkt und (y/p_2) steigt.
18	c. Die Optimalbedingung lautet: Verhältnis der Grenznutzen = Preisverhältnis. Bezogen auf die Aufgabenstellung muss folglich gelten: $x_2/x_1 = 60/60 = 1$.
19	c. $L = (x_1 \cdot x_2)^{0{,}5} + \mu \cdot (5 \cdot x_1 + 5 \cdot x_2 - 50)$; L nach x_1, x_2 und μ ableiten, die Ergebnisse gleich Null setzen. Es ergibt sich folgendes Gleichungssystem: $0{,}5 \cdot x_2^{0{,}5} \cdot x_1^{-0{,}5} + 5 \cdot \mu = 0$ (I) $0{,}5 \cdot x_1^{0{,}5} \cdot x_2^{-0{,}5} + 5 \cdot \mu = 0$ (II) $5 \cdot x_1 + 5 \cdot x_2 - 50 = 0$ (III); aus (I) folgt: $0{,}5 \cdot x_2^{0{,}5} \cdot x_1^{-0{,}5} = -5 \cdot \mu$, Substitution von $-5 \cdot \mu$ aus (I) in (II) ergibt: $x_1 = x_2$, dies eingesetzt in (III) liefert: $x_1 = x_2 = 5$.
20	c. $u = 25^{0{,}5} = 5$.
21	f.
22	d. Im Optimum gilt: Verhältnis der Grenznutzen = Preisverhältnis.

23	Bezogen auf die Angaben gilt: $(a \cdot x_2)/(b \cdot x_1) = 1$; $2 \cdot x_1 = x_2$, $a \cdot 2 \cdot x_1/(b \cdot x_1) = 1$; $2 \cdot a = b$. a. $60 = 2 \cdot x_1 + x_2$; $x_2 = 60 - 2 \cdot x_1$; $U = (x_1+20) \cdot (60-2 \cdot x_1)$; $dU/dx_1 = 20 - 4 \cdot x_1 = 0$; $x_1 = 5$; $x_2 = 50$.
24	d. Da von Gut 1 nichts konsumiert wird, muss nur dieses Gut vollständig substituierbar sein.
25	c. Positiv monotone Transformation: $u_1 < u_2 \Rightarrow h(u_1) < h(u_2)$.
26	c. Die Transformation verändert den optimalen Verbrauchsplan nicht.

7. Produktion und Angebot

Aufgabe	Lösung
27	a.
28	a. Bei limitationalen Produktionsfunktionen kann ein bestimmtes Outputniveau nur mit einer bestimmten Inputkombination erzeugt werden.
29	d.
30	b. Inputmenge und Outputmenge wachsen in gleichem Maße.
31	b. Der Homogenitätsgrad r ist größer als eins, so dass der Ertrag der beschriebenen Produktionsfunktion um mehr als den Faktor λ zunimmt. Es liegen steigende Skalenerträge vor. Die hierzu passende Funktion in der vorliegenden Abbildung 10 ist die konvexe Produktionsfunktion f_1.
32	c. Bei linear-limitationalen Produktionsfunktionen existiert ein festes Einsatzverhältnis der Inputs und die Skalenerträge sind somit konstant.
33	b. Damit x positiv ist, muss ß positiv sein.
34	c. $dx/dv = ß \cdot \alpha \cdot x^{\alpha-1} > 0 \Leftrightarrow \alpha > 0$, $\alpha \neq 1$, $d^2x/dv^2 = ß \cdot \alpha \cdot (\alpha-1) \cdot x^{\alpha-2} < 0 \Leftrightarrow \alpha < 1$. Hieraus folgt: $0 < \alpha < 1$.
35	a. Die Steigung der Kostenfunktion nimmt zu. Die Stückkosten der Produktion nehmen zu, je höher der Output ist (steigende Grenzkosten). Somit weist die Produktionsfunktion sinkende Skalenerträge auf und verläuft konkav.
36	e.
37	c. $x = v^{\alpha} \Rightarrow C(x) = v = x^{1/\alpha}$.
38	c. Preis = Grenzkosten $\Leftrightarrow 2 = 2 \cdot x \Rightarrow x = 1$.
39	e. Im Markt mit vollkommener Konkurrenz entspricht im Gewinnmaximum der Marktpreis dem Grenzerlös. Aufgrund der Identität von Grenzerlös und Grenzkosten gilt ebenso: Marktpreis = Grenzkosten.
40	a. Abhängige Variable (Wirkungsgröße) bei der Preiselastizität des Angebots ist die Ausbringungsmenge, unabhängige Variable (Ursachengröße) ist der Güterpreis.

8. Preisbildung auf den Gütermärkten

Aufgabe	Lösung
41	d. Wenn sich theoretisch unendlich viele Anbieter und Nachfrager auf dem Markt befinden, spricht man von einer „atomistischen Marktstruktur". Durch die Annahme eines flexiblen Preises wird jegliche Art von Preisabsprachen und Preisbindungen, wie sie z.B. in Kartellen vorherrschen, ausgeschlossen.

42	b. Bei einem Angebotsüberschuss ist der aktuelle Preis größer als der Gleichgewichtspreis.
43	e.
44	c.
45	e. Der Alleinanbieter maximiert seinen Gewinn, indem er nach der Regel „Grenzerlös gleich Grenzkosten" vorgeht. So wird zunächst die gewinnmaximale Menge ermittelt. Dadurch, dass man auf der Nachfragekurve den passenden Preis zu dieser optimalen Menge abliest, kann der Monopolpreis bestimmt werden.
46	a.
47	c. Bei einem Preis von p = 1 liegt ein Nachfrageüberschuss in Höhe von 7 Mengeneinheiten vor. Der Gleichgewichtspreis beträgt 4, die Gleichgewichtsmenge ist 2.
48	c. Für die Konsumentenrente (KR) ergibt sich: $1/2 \cdot 4 \cdot 8 = 16$. Die Produzentenrente (PR) ist Null, da die Angebotsfunktion horizontal verläuft. Das Marktgleichgewicht ist $(p^*; x^*) = (1; 4)$.
49	b. Der Grenzerlös ist $20 - 2x$, die Grenzkosten betragen 10. Gleichsetzen von Grenzerlös und Grenzkosten liefert das Marktgleichgewicht.
50	d. Für p = 2 gilt: $x_N = 9$, $x_A = 1$. Somit ergibt sich ein Nachfrageüberschuss in Höhe von 8 Mengeneinheiten.
51	a.
52	e. Allgemein gilt: $\eta_{xN, p} = (\partial x_N/\partial p) \cdot (p/x_N)$. Für die gegebene Nachfragefunktion ergibt sich: $\eta_{xN, p} = -(p^{-2}) \cdot (p^2) = -1$, da gilt: $1/x_N = p$.

9. Der Arbeitsmarkt

Aufgabe	Lösung
53	a. Die Einkommens-Zeitrestriktion lautet: $p \cdot x + w \cdot F = w \cdot T$, mit dem Lohnsatz w, der nachgefragten Gütermenge x, der Freizeit F und der insgesamt verfügbaren Zeit T.
54	c. Die höchstmögliche Isogewinnlinie, die das Unternehmen erreichen kann, ist die Linie AB. Es entsteht der Berührpunkt B zwischen Produktionsfunktion und Isogewinnlinie, woraus die optimale Arbeitsnachfrage D abgeleitet werden kann.
55	a. Veränderungen des realen Lohnsatzes wirken sich auf die Steigung der Isogewinnlinie aus. Falls der Reallohn sinkt, erhöht sich die optimale Arbeitsnachfrage. Lage und Steigung der Produktionsfunktion bleiben unverändert.
56	b.
57	b.
58	e.

10. Marktversagen und Staatseingriffe

Aufgabe	Lösung
59	c. Das Maximum an sozialer Wohlfahrt stellt sich nur dann ein, wenn die Summe aus Produzenten- und Konsumentenrente ihren maximalen Wert erreicht.
60	c.
61	b. Eines der Merkmale von vollkommener Konkurrenz – der Voraussetzung für eine

	wohlfahrtsmaximale Allokation – ist die atomistische Marktstruktur, d.h. es gibt theoretisch unendlich viele Anbieter und Nachfrager auf einem Markt. Im Polypol stellt sich ein einheitlicher Güterpreis ein und der Staat muss *nicht* für die Bereitstellung von Gütern sorgen, da sich für alle Güter ein Preis erzielen lässt.
62	d. Steuern und Subventionen sind zwei Möglichkeiten, um externe Effekte zu internalisieren. Beispiel: Einführung einer Umweltsteuer, um Unternehmen die Kosten aufgrund der von ihnen verursachten Naturschäden aufzuerlegen.
63	b. Nichttrivialität im Konsum und Nichtausschließbarkeit vom Konsum sind die beiden grundlegenden Eigenschaften öffentlicher Güter.
64	a.
65	d. Die Fläche HAB entspricht der Konsumentenrente, die Fläche ABDE entspricht der Produzentenrente im Monopol. Der Wohlfahrtsverlust, der im Monopol im Vergleich zum Polypol entsteht, kann durch das Dreieck BCD dargestellt werden.
66	e. Richtet sich die Preisregulierung nach den Grenzkosten des Alleinanbieters, so entsteht ein Verlust. Die Höhe der Stücksubvention ergäbe sich durch die Differenz zwischen den Durchschnittskosten und dem neuen, regulierten Preis (welcher dem Preis im Polypol entspricht).
67	c.

LÖSUNGEN ZU TEIL III: MAKROÖKONOMISCHE THEORIE UND POLITIK

11. Wirtschaftskreislauf und Nationaleinkommen

Aufgabe	Lösung
1	c.
2	c. Die in Alternative (d) angegebene Formel liefert das Nettonationaleinkommen.
3	b. Eine weitere, in der Aufgabe nicht angegebene Lösungsmöglichkeit wäre, vom Bruttonationaleinkommen den Saldo der Primäreinkommen aus der übrigen Welt abzuziehen.
4	c.
5	e.
6	d.
7	c. Volkseinkommen = 3.800 + 30 − 560 − 440 + 70 = 2.900.
8	e. Das Bruttoinlandsprodukt stellt auf Endprodukte ab.
9	e. NIP zu Faktorkosten = 210 + 90 + 50 − 20 + 60 + 10 = 400.
10	b.
11	e.
12	c. $(3\cdot2 + 3\cdot4) / (2\cdot3 + 2\cdot2) = 1{,}8$.
13	d. $(3\cdot3 + 3\cdot2) / (2\cdot3 + 2\cdot2) = 1{,}5$.
14	d. $(3\cdot2 + 3\cdot4) / (2\cdot2 + 2\cdot4) = 1{,}5$.
15	b. $(1\cdot5 + 1\cdot1 + 4\cdot2) / (3\cdot5 + 1\cdot1 + 2\cdot2) = 0{,}7$

12. Grundzusammenhänge der Makroökonomik:
Aggregiertes Angebot und aggregierte Nachfrage

Aufgabe	Lösung
16	b.
17	b.
18	a. Der Schnittpunkt von aggregierter Nachfragefunktion und aggregierter Angebotsfunktion (AA-Funktion) liegt in diesem Falle im horizontalen (d.h. Keynesianischen) Bereich der AA-Funktion.
19	d.
20	e. Die Aufgabe kann graphisch gelöst werden, indem für beide Volkswirtschaften ein AA-AN-Diagramm gezeichnet wird.
21	e. Es können nicht beide Ziele – geringeres Preisniveau und höherer Output – gleichzeitig erreicht werden. Allerdings kann durch eine erhöhte Nachfrage der Output gesteigert werden, während das Preisniveau stabil bleibt. Dies ist unter der Annahme einer Keynes'schen Angebotskurve immer dann der Fall, wenn die Volkswirtschaft ihre Kapazitätsgrenze noch nicht erreicht hat.
22	a. Die aggregierte Angebotsfunktion verläuft vertikal, so dass die Preiselastizität des aggregierten Angebots Null ist.
23	e.
24	d. Ergänzung: In der *langfristigen* Analyse verläuft die aggregierte Angebotsfunktion gemäß der neoklassischen Synthese vertikal.
25	a.
26	d. Es handelt sich um einen kontraktiven Angebotsschock.
27	d. Die aggregierte Nachfragekurve verschiebt sich nach außen, im neuen Gleichgewicht herrscht ein höheres Preisniveau bei unverändertem BIP vor.
28	c. Graphisch zu lösen anhand eines AA-AN-Diagramms der neoklassischen Synthese in der kurzen Frist. Die AA-Kurve muss nach links verschoben werden und gleichzeitig die AN-Kurve nach rechts.
29	e. $20+15 \cdot Y + Y^2 = 100 - Y$; $Y^2 + 16 \cdot Y - 80 = 0$; $(Y-4) \cdot (Y+20) = 0$; $Y^* = 4 \Rightarrow P^* = 96$.
30	e.
31	c. $(dY_{AN}/dP_{AN}) \cdot (P^*/Y^*) = (-1) \cdot (96/4) = -24$.
32	b. Aufgabe ist graphisch zu lösen: Die neue Nachfragekurve verläuft flacher.
33	c.
34	b. Vollbeschäftigung wäre erreicht bei $Y = 100$ (Kapazitätsgrenze). Die tatsächliche Beschäftigung liegt jedoch bei $Y = 90$, d.h. die Unterbeschäftigung ist somit $100 - 90 = 10$.
35	a. Im Gleichgewicht muss wiederum das aggregierte Angebot mit der aggregierten Nachfrage gleichgesetzt werden. Es gilt demnach: $10 = 110 - Y$; $Y = 100$ (Vollbeschäftigung); $P(Y) = 10 = \text{const.}$
36	c. Setze AA = AN $\Rightarrow 2 \cdot Y^2 + 6 \cdot Y - 80 = 0 \Rightarrow Y^* = 5 \Rightarrow P^* = 85$.
37	a. $(dY_{AN}/dP_{AN}) \cdot (P^*/Y^*) = (-1) \cdot (85/5) = -17$.
38	a.
39	b. Gleichsetzen von aggregiertem Angebot und aggregierter Nachfrage; falls $Y \in [0;40[\Rightarrow 30 = 80 - 0{,}5 \cdot Y$ $\Rightarrow Y = 100 \notin [0;40[$; falls $Y \in [40;100[\Rightarrow 10 + 0{,}5 \cdot Y = 80 - 0{,}5 \cdot Y$ $\Rightarrow Y = 70 \in [40;100[$ und es ergibt sich $P(Y) = 45$; falls $Y \in [100; i) \Rightarrow 100 \cdot Y - 9.940 = 80 - 0{,}5 \cdot Y \Rightarrow Y = 99{,}7 \notin [100; i)$.

40	a.
41	d.

13. Nachfrageorientierte Makroökonomik

Aufgabe	Lösung
42	c. Die durchschnittliche Konsumquote lautet C/Y. Die Veränderung der durchschnittlichen Konsumquote ist $d(C/Y)/dY = -C/Y^2 < 0$. Die marginale Konsumquote c ist konstant.
43	a. Marginale Konsumneigungen: (2.700–2.400) / (2.900–2.500) = 0,75; (3.400–2.700) / (3.800–2.900) = 0,78; (4.140–3.400) / (4.800–3.800) = 0,74. Die Werte der marginalen Sparneigungen sind demzufolge 0,25; 0,22; 0,26.
44	a. $Y = C_a + c \cdot Y$; $2.000 = C_a + c \cdot 0$; $C_a = 2.000$; $6.000 = C_a + c \cdot 6.000$; $c = 2/3$.
45	d. $\Delta BIP = \Delta I/(1-c)$; $(1-c) = 75.000 / 300.000 = 0,25$; $c = 0,75$.
46	d.
47	b.
48	b. $\Delta Y = \Delta I \cdot 1/s$, $\Delta I = 20 \cdot 0,3 = 6$.
49	e. Aus der gegebenen Sparfunktion $S(Y) = -23 + 0,3 \cdot Y$ kann die marginale Sparneigung von 0,3 direkt abgelesen werden. Der Investitionsmultiplikator beträgt demnach $1/(1-c) = 1/s = 10/3$.
50	a.
51	d.
52	d. Die marginale Konsumneigung nimmt ab (bzw. die marginale Sparneigung nimmt zu), denn die Steigung der Konsumfunktion nimmt ab.
53	c. Die Steigung der Sparfunktion nimmt zu, d.h. die marginale Sparneigung steigt bzw. die marginale Konsumneigung nimmt ab.
54	b. In Volkswirtschaft B ist die Steigung der Sparfunktion geringer als in A, d.h. in B ist die marginale Sparneigung kleiner als in A. Folglich ist der Multiplikatoreffekt von erhöhten Staatsausgaben in Volkswirtschaft B größer.
55	a. Im Intervall $[0;v_1[$ ist die Steigung der Sparfunktion am kleinsten, d.h. die marginale Sparneigung ist dort am kleinsten und somit ist die marginale Konsumneigung am größten.
56	e. Die aggregierte Nachfrage – in der Volkswirtschaft dieser Aufgabe bestehend aus privatem Konsum und autonomen Investitionen – ist entscheidend, wenn das Volkseinkommen im Gleichgewicht bestimmt werden soll.
57	c.
58	b.
59	c. Im Punkt E gilt: $(C + I) > Y$.
60	c. Y kann bestimmt werden durch die Gleichung $Y = C(Y) + I_0 + G$. Aus der gegebenen Sparfunktion kann die Konsumfunktion abgeleitet werden: $C(Y) = 0,9 \cdot Y + 100$. Einsetzen der Werte ergibt: $Y = 0,9 \cdot Y + 100 + 100 + 200 \Rightarrow Y^* = 4.000$.
61	b. $Y = 0,9 \cdot Y + 100 + 100 + G$; $Y^* = 5.000$; $G = 300$, d.h. G muss gegenüber der Ausgangslage um 100 steigen.
62	b.
63	d.
64	b. Die marginale Konsumneigung ist 0,8. Durch die Erhöhung der Investitionsaus-

	gaben erhöht sich das Volkseinkommen um 30 Geldeinheiten (GE), während die Steuererhöhung zu einem Rückgang des Volkseinkommens um 28 GE führt. Per Saldo nimmt das Volkseinkommen folglich um 2 GE zu.
65	d. Falls der Steuersatz einer Proportionalsteuer variiert wird, verändert sich die Steigung der Konsumfunktion.
66	a. Graphisch zu lösen anhand eines AA-AN-Diagramms für die Klassik, die Keynes'sche Theorie und die neoklassische Synthese.
67	d. Siehe Lehrbuch *Volkswirtschaftslehre 1*, 6. Aufl., S. 314f.
68	b. Die aggregierte Nachfragefunktion verschiebt sich nach außen. Dadurch, dass in dieser Volkswirtschaft annahmegemäß stets Unterbeschäftigung herrscht, liegt auch das neue gesamtwirtschaftliche Gleichgewicht im horizontalen Bereich der Keynesianischen Angebotsfunktion.
69	a. Der Staatsausgabenmultiplikator ist betragsmäßig stets größer als der Steuermultiplikator, weil für die marginale Konsumneigung c gilt: $0 < c < 1$.
70	c. $\Delta Y/\Delta G = 1/(1-c(1-t))$; $s = 0,2 \Rightarrow c = 0,8$. Folglich gilt: $\Delta G = 10 \cdot (1-c(1-t)) = 10 \cdot (1-0,8(1-0,5)) = 6$.
71	f. $Y = C_a + c \cdot (Y - T) + I + G$; $1.000 = 65 + 0,7 \cdot (1.000 - T) + 350 + 200$; $T = 450$.
72	d. $Y = C(Y-T) + I + G$; $Y = C(Y-T) + 140 + 200 = C(Y-T) + 340$; $C(Y-T) = 320 \Rightarrow Y = 660$.
73	a. Die marginalen Konsumneigungen können wie folgt berechnet werden: $(260-230) / (340-280) = (290-260) / (400-340) = (320-290) / (460-400) =$ $= (350-320) / (520-460) = 0,5$.
74	c. Die in den Alternativen (a), (b) und (d) genannten Politikmaßnahmen gehören zur diskretionären Fiskalpolitik. Ein progressives Steuersystem ist ein automatischer Stabilisator des Konjunkturverlaufs.
75	c.

14. Die Rolle des Geldes in der Makroökonomik

Aufgabe	Lösung
76	c.
77	e.
78	e.
79	e. Da Bank C das einbezahlte Geld nicht mehr ausleiht, kann die Summe der Giralgeldmenge wie folgt berechnet werden: $1.250 + 0,8 \cdot 1.250 + 0,8^2 \cdot 1.250 = 1.250 + 1.000 + 800 = 3.050$
80	e. Maximale Giralgeldschöpfung = Änderung der Reserven / Mindestreservesatz Es gilt folglich: $1.000.000 / 0,2 = 5.000.000$.
81	b.
82	d. Abnahme der Giralgeldmenge = Abhebung / Mindestreservesatz; Demnach gilt: Abnahme der Giralgeldmenge = $20.000 / 0,16 = 125.000$.
83	e. Siehe Lehrbuch *Volkswirtschaftslehre 1*, 6. Aufl., S. 324.
84	e.
85	e.
86	e.
87	e.
88	f.

89	b.
90	b. Graphisch zu lösen anhand eines MA-MN-Diagramms: Wenn die Zinselastizität der Geldnachfrage klein ist, verläuft die Geldnachfragekurve relativ steil. Bei einer Verknappung der angebotenen Geldmenge – wodurch die Geldangebotskurve nach links verschoben wird – steigt der Zinssatz ceteris paribus stärker an als im Falle einer großen Zinselastizität der Geldnachfrage, d.h. einer relativ flachen Geldnachfragekurve.
91	c. Graphisch zu lösen anhand eines MA-MN-Diagramms und eines AA-AN-Diagramms, wobei die Investitionen negativ vom Zins abhängen.
92	g. Zeichnen Sie ein AA-AN-Diagramm und ein MA-MN-Diagramm mit vertikaler Geldangebotskurve und verschieben Sie letztere nach rechts.
93	b. Siehe Abbildung 14.20 im Lehrbuch *Volkswirtschaftslehre 1*, 6. Aufl., S. 368.
94	e. Im Geldmarktgleichgewicht gilt: Geldnachfrage = Geldangebot. Bezogen auf die Angaben gilt: $1.375 + 0{,}25 \cdot 7.000 - 50 \cdot r = 2.500 \Rightarrow r^* = 12{,}5$.
95	c.
96	g. Die Geldnachfrage wird bei Keynes in erster Linie vom Zinssatz bestimmt.
97	a. Eine ausführliche Beschreibung des Keynesianischen Transmissionsmechanismus findet sich im Lehrbuch *Volkswirtschaftslehre 1*, 6. Aufl., S. 344ff.
98	a.
99	f.
100	e. Zu Aussage (2): Richtig wäre, dass ein hoher Zinssatz mit einer *geringen* Spekulationsnachfrage einhergeht. Zu Aussage (3): Richtig wäre, dass bei einem hohen Zinssatz die Opportunitätskosten der Geldhaltung *hoch* sind.
101	e.
102	d.
103	b. Gemäß der Theorie des Monetarismus wird eine Verstetigung des Geldmengenwachstums gefordert, welches an die Wachstumsrate des Inlandsproduktes gekoppelt werden soll.
104	d.
105	b. Gemäß der Keynesianischen Theorie verläuft die Geldnachfragekurve relativ flach, d.h. die Zinselastizität der Geldnachfrage ist betragsmäßig relativ groß. Die Zinselastizität der Geldnachfrage beträgt für die vorgegebene Geldnachfragefunktion (I) $-0{,}056$, für Geldnachfragefunktion (II) $-2{,}5$.
106	a.
107	b.
108	a. 1. Schritt: $P_0 \cdot BIP_0 = M_0 \cdot V_0$. 2. Schritt: $P_1 = (M_1 \cdot 0{,}9 \cdot V_0) / BIP_1$. 3. Schritt: Gemäß der Angabe soll gelten: $P_1 = P_0$ bei $BIP_1 = BIP_0$; $(M_0 \cdot V_0) / BIP_0 = (M_1 \cdot 0{,}9 \cdot V_0) / BIP_0$; $M_1 = 1{,}111 \cdot M_0$; $M_1 - M_0 = 0{,}111 > 0{,}1$.
109	a. Aus $Y = L^{0,5}$ (mit $L = 16$) folgt: $Y = 4$. Aus $M \cdot V = P \cdot Y$ ergibt sich: $P = 12$. $I = S$ impliziert $i = 0{,}02$. Aus $Y = C - S$ folgt schließlich: $C = 3{,}4$.
110	f. Die Geldumlaufgeschwindigkeit muss sinken.
111	a. $M_1 \cdot V_1 = P_1 \cdot BIP_1$ und $M_2 \cdot V_2 = P_2 \cdot BIP_2$. Dabei soll gelten: $BIP_1 = BIP_2 \equiv BIP$. 1. Schritt: Berechnung des BIP: $3.000.000 \cdot 200 = 110 \cdot BIP$; $BIP = 5.454.545{,}455$. 2. Schritt: $P_2 = M_2 \cdot V_2 / BIP = 275$. 3. Schritt: Ermittlung des Preisunterschiedes in Prozent: $[100 \cdot (P_2 - P_1)] / P_1 = [100 \cdot (275 - 110)] / 110 = 150$ Prozent.
112	d. Die Information über das Preisniveau fehlt.
113	b. $M_0 \cdot V_0 = P_0 \cdot BIP_0$; $P_1 = 1{,}02 \cdot P_0$; $BIP_1 = 1{,}04 \cdot BIP_0$. $V_1 = V_0$; $M_1 = 1{,}02 \cdot P_0 \cdot 1{,}04 \cdot BIP_0 / V_0 = 1{,}0608 \cdot P_0 \cdot BIP_0 / V_0 = 1{,}0608 \cdot M_0$; $(M_1 - M_0) / M_0 = 0{,}0608$.

114	d.
115	a. In der Theorie von Keynes ist die Zinselastizität der Geldnachfrage hoch (flache Geldnachfragekurve), gemäß der Theorie des Monetarismus ist sie gering (steile Geldnachfragekurve). Die Zinselastizität der Investitionsnachfrage ist im Monetarismus hoch, wogegen bei Keynes die Investitionsnachfrage *nicht* in erster Linie von der Höhe des Zinssatzes beeinflusst wird (sondern von anderen Faktoren wie den Gewinnerwartungen der Unternehmen).
116	b. Durch die Berücksichtigung des Geldmarktes wird der Transmissionsmechanismus deshalb in seiner Wirkung auf das BIP geschwächt, weil die aggregierte Nachfrage aufgrund eines höheren Zinssatzes zurückgeht.
117	c.

15. Die makroökonomische Bedeutung der Phillips-Kurve

Aufgabe	Lösung
118	f.
119	c.
120	b.
121	c. Der Zielkonflikt zwischen geringer Inflationsrate und geringer Arbeitslosenquote, wie er durch die modifizierte Phillips-Kurve postuliert wird, kommt in Aussage (c) zum Ausdruck.
122	c. Zu Aussage (1): Kommt es zu *permanenten* Erhöhungen der Arbeitslosigkeit während einer Rezession, so spricht man in der Ökonomie von einem Hysteresis-Effekt. Zu Aussage (2): Langfristig verläuft die Phillips-Kurve vertikal und damit *steiler* als in der kurzen Frist. Zu Aussage (3): Werden rationale Erwartungen angenommen, so verstehen die Marktteilnehmer die ökonomischen Zusammenhänge und begehen keine systematischen Fehler bei der Erwartungsbildung. Deshalb besteht für den Staat keine Möglichkeit, die Marktteilnehmer über einen längeren Zeitraum hinweg zu täuschen.
123	e.
124	c.
125	d. Die natürliche Arbeitslosenquote $\bar{u}$ stellt sich bei einer Inflationsrate von Null ein: $\pi = 0 \Rightarrow 0 = 5 - 2\cdot\bar{u} \Rightarrow \bar{u} = 2{,}5$.
126	c. $d\pi/du = 0{,}036\cdot(-1)\cdot u^{-2}$, mit $u = 0{,}036/\pi$ $\Rightarrow d\pi/du = -0{,}036\cdot(0{,}036/\pi)^{-2} = -0{,}036^{-1} \cdot 0{,}06^2 = -0{,}1$.
127	e. Die Substitutionselastizität zwischen Inflation (Wirkungsgröße) und Arbeitslosigkeit (Ursachengröße) lautet: $(d\pi/du)\cdot(u/\pi) = 0{,}0032\cdot(-1)\cdot u^{-2} \cdot (u/\pi) = 0{,}0032\cdot(-1)\cdot 0{,}08^{-2} \cdot (0{,}08 / 0{,}04) = -1$.
128	c. Lösung analog zu Aufgabe 127.
129	d. Ausführliche Erklärungen zu der in dieser Aufgabe vorgegebenen Darstellung finden sich im Lehrbuch *Volkswirtschaftslehre 1*, 6. Aufl., S. 391f.
130	b.
131	c.
132	d.
133	b. Bei Abweichungen von der NAIRU kann *kein* exakter funktionaler Zusammenhang zwischen Inflation und Arbeitslosenrate festgestellt werden.

134	d. Siehe Abbildung 15.10 im Lehrbuch *Volkswirtschaftslehre 1*, 6. Aufl., S. 397.
135	a.
136	e. Bezogen auf die Arbeitslosigkeit ist in der Ökonomie unter einem Hysteresis-Effekt Folgendes zu verstehen: Die negativen Auswirkungen auf die Beschäftigung einer Volkswirtschaft bestehen auch dann noch, wenn der Auslöser für den Anstieg der Arbeitslosigkeit bereits längst verflogen ist.

16. Angebotsorientierte Makroökonomik

Aufgabe	Lösung
137	c.
138	c. Gemäß den stilisierten Fakten nach Kaldor (1961) ist der Kapitalkoeffizient nahezu konstant.
139	d.
140	c.
141	c.
142	g. $Y = 5 \cdot 10.000^{0,3} \cdot 10.000^{0,7} = 50.000$; $\hat{Y} = \eta_{Y,K} \cdot \hat{K} + \eta_{Y,L} \cdot \hat{L} = 0,3 \cdot (\dot{K}/K) + 0,7 \cdot 0 = 0,3 \cdot [(s \cdot Y - \delta \cdot K)/K] = 0,135$.
143	d. $Y = 5 \cdot 100.000^{0,3} \cdot 10.000^{0,7} \approx 99.763,12$; $\hat{Y} = \dot{Y}/Y = 0,0498 \approx 0,05$.
144	f. Im steady-state muss das Wachstum des realen Bruttoinlandsproduktes ($\hat{Y}$) gleich Null sein. Die Wachstumsrate des Produktionsfaktors Arbeit ist Null (exogen), folglich ist das Wachstum des Faktors Kapital ebenso gleich Null zu setzen. Es gilt folglich: $s \cdot Y - \delta \cdot K = 0 \Rightarrow s \cdot Y = \delta \cdot K \Rightarrow 0,1 \cdot 5 \cdot 10.000^{0,7} \cdot K^{0,3} = 0,05 \cdot K$; $K^* \approx 268.269,37 > 200.000$.
145	c.
146	c. Zu Aussage (a): Je weiter eine Volkswirtschaft von ihrem steady-state entfernt ist, desto größer ist die Wachstumsrate des Inlandsproduktes.
147	c.
148	b.
149	c.
150	c. Antwort (c) ist die richtige Lösung zur Fragestellung dieser Aufgabe, wogegen in Alternative (d) die Definition der Kapitalproduktivität angegeben wird.
151	c. Es gilt: $0,7 \cdot 2 + 0,3 \cdot 6 = 3,2$. Da die Wachstumsrate des Outputs 4,8 Prozent beträgt, ergibt sich für die totale Faktorproduktivität: $4,8 - 3,2 = 1,6$.
152	b. Alternative (a) liefert die Definition des Arbeitskoeffizienten L/Y in der Produktion (L ist der Inputfaktor Arbeit und Y der Output). Diese Größe entspricht dem Kehrwert der Arbeitsproduktivität Y/L. Alternative (d) beschreibt die partielle Produktionselastizität des Faktors Arbeit.
153	c. Die Preisindizes für den privaten Verbrauch und das Bruttoinlandsprodukt entwickeln sich antizyklisch und weisen gegenüber dem Referenzzyklus einen Vorlauf von vier Quartalen auf.
154	e. Die in (a) genannte ökonomische Größe läuft der Entwicklung des realen BIP vor, während sämtliche der anderen genannten ökonomischen Größen der Entwicklung des realen BIP nachlaufen.
155	b.
156	b.
157	b.

158	e.
159	d.
160	a. Einsetzen der gegebenen Werte in die Okun-Gleichung liefert ū = 7,7 Prozent.
161	b.
162	e.
163	a.
164	a. Bei einer Darstellung im Preisniveau-Volkseinkommen-Diagramm zeigt sich, dass die Erweiterung des aggregierten Angebots besonders wirksam ist, wenn die Angebotsfunktion relativ steil verläuft.
165	c.
166	d.

17. Internationale Makroökonomik

Aufgabe	Lösung
167	d.
168	c. $Y = C + I + G + X - M$; $Y = 120 + 0,8 \cdot (Y+50-0,25 \cdot Y) + 1.100 + 0,1 \cdot Y - 10.000 \cdot 0,09 + 500 + 400 - 40 - 0,2 \cdot Y$; $Y = 2.440$; $X - M(Y) = 400 - 40 - 0,2 \cdot 2.440 = -128$.
169	a.
170	d.
171	c. Der Saldo des internationalen Warenhandels beträgt 0,67 − 0,64 = 0,03. Der Saldo der Leistungsbilanz ist 0,03 − 0,02 − 0,05 = −0,04 < 0. Somit muss der Saldo der Kapitalbilanz positiv sein, denn der Saldo der Gold- und Devisenbilanz ist null.
172	a.
173	a. Aus $Y = C + I + G + X - M$ und $LB = X - Im$ folgt: $Y = C + I + G + LB$. Zieht man von beiden Seiten $T + C$ ab, ergibt sich: $Y - T - C = S = I + G + LB - T$. Hieraus folgt: $LB = S + (T - G) - I$.
174	b.
175	b. Dieser Zusammenhang lässt sich graphisch darstellen in einem gesamtwirtschaftlichen Preisniveau-Volkseinkommen-Diagramm.
176	e.
177	d.
178	d.
179	d.
180	a. Siehe Lehrbuch *Volkswirtschaftslehre 1*, 6. Aufl., S. 476.
181	c.
182	a. Die bei der Schaffung der Europäischen Währungsunion festgelegten Konvergenzbedingungen enthalten keine Zielwerte für die Arbeitslosenquote in den potentiellen Teilnehmerstaaten.
183	c. Aussage (1) drückt die intertemporale Belastungswirkung von wachsenden Staatsschulden aus, Aussage (4) bezieht sich auf den Crowding-out Effekt.
184	c.
185	d. Siehe Lehrbuch *Volkswirtschaftslehre 1*, 6. Aufl., S. 491.
186	a. Der Effizienzunterschied zwischen E und P ist bei der Produktion von Tuch (2,67) größer als bei der Weinerzeugung (1,6). Damit besitzt E bei der Produktion von Wein gegenüber P einen komparativen Vorteil. P besitzt bei der Herstellung

	beider Güter einen absoluten Vorteil gegenüber E (Wein: 80 in P im Vergleich zu 50 in E pro Arbeiter; Tuch: 400 in P im Vergleich zu 150 in E pro Arbeiter).
187	c. Zu Aussage (1): Land D besitzt einen absoluten Vorteil in der Herstellung beider Güter, Land E hat einen komparativen Vorteil in der Herstellung von Textilien. Folglich spezialisiert sich Land E auf die Textilproduktion.
188	a. Lediglich durch konstante Skalenerträge in der Herstellung *beider* Güter kommt es zu einer linearen Produktionsmöglichkeitenkurve.
189	a. Land 1 besitzt einen komparativen Vorteil in der Herstellung von Gut 1, Land 2 hat einen komparativen Vorteil in der Produktion von Gut 2.
190	c.
191	d.

N. Branger, C. Schlag, Universität Frankfurt/Main

Zinsderivate
Modelle und Bewertung

Zinsderivate wie Swaps, Caps, Forwards oder Futures ermöglichen auf vielfältige Weise das Management von Zinsrisiken. Dieses Buch will dem interessierten Leser den Zugang zu den Modellen erleichtern, indem die allgemeine Bewertungstheorie ausgehend von einfachen Grundlagen in diskreten einperiodigen Modellen entwickelt wird. Bei der Darstellung wird stets großer Wert auf die Vermittlung der ökonomischen Intuition gelegt. Das Buch bietet durch zahlreiche Übungsaufgaben mit Lösungshinweisen eine fundierte Grundlage zum Selbststudium.

2004. XI, 199 S. 33 Abb.
Brosch. **€ 22,95**; sFr 39,50
ISBN 3-540-21228-0

springer.de

**Springer · Kundenservice
Haberstr. 7
69126 Heidelberg
Tel.: (0 62 21)-345 - 0
Fax: (0 62 21)-345 - 4229
e-mail: orders@springer.de**

M. Gärtner, M. Lutz, Universität St.Gallen

Makroökonomik flexibler und fester Wechselkurse

Dieses Lehrbuch baut Studierenden eine Brücke zwischen den etablierten, aus dem Grundstudium vertrauten Werkzeugen der monetären Makroökonomik offener Volkswirtschaften und fortgeschritteneren Fragen und Modellen, die näher an der aktuellen Forschung stehen. Elementare Konzepte der monetären Aussenwirtschaft und das Mundell-Fleming-Modell werden in den ersten drei Kapiteln ausführlich behandelt. Nach dieser Grundsteinlegung führt das Buch über Standardmodelle der monetären Aussenwirtschaft (Dornbusch-Modell, Währungssubstitution und Vermögensbestandsansatz) und Themen wie Wechselkurszielzonen und Seifenblasen hin zu intertemporalen Gleichgewichtsmodellen und Erklärungen von Währungskrisen.

3., vollst. überarb. u. erw. Aufl.
2004. XIV, 383 S. 137 Abb. 34 Tab.
Brosch. **€ 27,95**; sFr 48,00
ISBN 3-540-40707-3

H. Gischer, Universität Magdeburg; **B. Herz,** Universität Bayreuth; **L. Menkhoff,** Universität Hannover

Geld, Kredit und Banken
Eine Einführung

Finanzmärkte gewinnen an Bedeutung. Das Verständnis dieser Märkte ist sowohl für die Geldpolitik als auch für Praktiker in Finanzinstitutionen zentral.
Die zunehmende Bedeutung der Finanzmärkte findet Ausdruck in einer entsprechenden Stoffauswahl: Aus theoretischer Sicht wird die institutionenökonomische Argumentationsweise aufgenommen, und aus geldpolitischer Sicht wird der Bedeutung der EZB Rechnung getragen. Neben der inhaltlichen Schwerpunktsetzung wird ausführlich auf neuere Themen wie beispielsweise Finanzsektorfunktionen, elektronisches Geld, Theorie der Banken, Bankenaufsicht, Kreditkanal, Inflation Targeting und die Taylor-Regel eingegangen.

2004. XVII, 362 S. 86 Abb., 13 Tab. Brosch. **€ 22,95**; sFr 39,50
ISBN 3-540-40701-4

Die €-Preise für Bücher sind gültig in Deutschland und enthalten 7% MwSt.
Preisänderungen und Irrtümer vorbehalten. d&p · BA 1559x_3

The manufacturer's authorised representative in the EU is Springer Nature Customer Service Centre GmbH, Europaplatz 3, 69115 Heidelberg, Germany. If you have any concerns regarding our products, please contact ProductSafety@springernature.com

Printed and bound by CPI Group (UK) Ltd, Croydon, CR0 4YY

25/03/2026

02078192-0013